CHRONOS

Mayu Moons

Renacer en la luz
Un viaje hacia la energía

europa
ediciones

© 2024 **Europa Ediciones** | Madrid
www.grupoeditorialeuropa.es

Curador: Diego Fortunato

ISBN 9791220152044
I edición: agosto del 2024
Distribuidor para las librerías: CAL Málaga S.L.
Impreso para Italia por *Rotomail Italia S.p.A. - Vignate (MI)*
Stampato in Italia presso *Rotomail Italia S.p.A. - Vignate (MI)*

Renacer en la luz
Un viaje hacia la energía

Capítulo 1
ESCRIBIR Y VIVIR

Escribir es un aprendizaje continuo. Nunca se aprende a escribir. Esto también podría decirse sobre la vida: vivir es aprender, equivocarse, avanzar, retroceder. No hay caminos precisos. No hay direcciones demasiado claras o confiables. Todo puede ser entendido como un sendero difuso, en donde las diferentes posibilidades se abren y somos nosotros, entre las bifurcaciones, quienes debemos decidir cuál rumbo tomar. Vivir y escribir son dos caras de una misma moneda.

En estas páginas me dedicaré a contar mi vida, las transformaciones, los momentos que sufrí y superé hasta convertirme en la persona que soy hoy.

En el año 2000 me diagnosticaron de esquizofrenia. Voces hablaban en mi cabeza, me decían lo que debía hacer, cómo actuar, era un golpeteo constante, interminable. Pero la verdad es que nunca me creí lo que decían los médicos. Yo, muy adentro de mí, no me sentía enfermo. En ese momento, sin embargo, yo tenía solamente dieciocho años y no poseía las herramientas para buscar mi verdad y encontrar lo que realmente soy. Ha sido un proceso largo y con altibajos.

Como decía, desde un primer momento yo sabía o intuía que no estaba enfermo, pero nadie me creía. Las voces que habitaban dentro de mi cabeza me hablaban y pasaban cosas extrañas; ellas, de cierta manera, me guiaban, me decían cuál debía ser el camino que debía seguir; incluso, aunque sea difícil de creer, en varias ocasiones me salvaron de grandes peligros. Pero todo esto lo iré contando en su momento. Ahora, a la distancia, puedo empezar diciendo que nadie es capaz de conocer mejor a alguien como uno a sí mismo.

El pasado a veces se me antoja como un abismo, un vacío intenso que lo inunda todo. Al verlo con los ojos del presente siento que el pasado me susurra: "Aquel temor que viviste podía parecer eterno e, incluso, que te iba a devorar por dentro; quizás pensaste que no ibas a encontrar la salida a ese pasadizo lleno de terremotos y misterios personales". Pero poco a poco fui encajando las piezas de la curación, hasta llegar al momento —un momento que sinceramente creí que nunca llegaría— en el que miro para atrás con una sonrisa en el alma.

Mi vida: ese misterio sincero, con sentimientos y latidos. La vida, unos latidos que aparecen y otros que se desvanecen. Ritmo, melodía, subidas y bajadas. Sonido y silencio.

La verdad es que antes de mi transformación yo era una persona insegura, con miedo, con poca autoestima, no tenía voz, ni personalidad, ni fuerza.

Mi familia pertenece a la clase trabajadora de una pequeña ciudad a las afueras de Madrid. Somos una familia grande. En las reuniones siempre éramos muchas personas, muchos primos y tíos, familiares y parientes con los que nos sentábamos alrededor de la mesa. El niño que yo era miraba a esas personas, en silencio, a veces con asombro, en ocasiones incapaz de reconocerme completamente en ellos. En mi familia, entre las personas de mi edad, siempre sentí que existía una competencia encarnizada, constante, insufrible: una lucha para determinar quién de los primos o los hermanos era mejor, quién destacaba en esto o aquello, quién tenía las mejores calificaciones en el colegio, quién lanzaba el comentario más divertido, quién era más capaz en este juego o en aquel otro.

Pero yo era y soy muy diferente a ellos.

Mi familia era competitiva, envidiosa, recelosa; yo, en cambio, era muy sensible y positivo. Por eso las actitudes que veía a mi alrededor hicieron que me replegara, que me fuera haciendo más chiquito cada vez, como si me sumergiera al fondo de mí mismo hasta sentirme prácticamente invisible. Quizás el mío era un método de autodefensa, pues francamente no concibo un mundo donde los celos, el rencor, la competencia, el odio y las ilusiones del éxito o el fracaso guíen las acciones humanas.

Ese sentimiento de invisibilidad era muy vivo y simbólico en mí. Honestamente, el primer recuerdo que tengo de mi existencia es que desaparecía, que me esfuma como un poco de humo en el cielo claro. Estábamos en casa de mi abuela en Noche Vieja. Los adultos discutían por algún motivo y yo cada vez me metía más adentro de mí mismo. La sensación era muy viva, estaba ahí, rodeado del conflicto, en el mundo, en esta existencia total, y la primera emoción o imagen que experimentaba era ese intento de replegarme, de encogerme, de huir de todo eso que pasaba a mi alrededor. No era una desaparición física, por supuesto, sino simbólica. Sentado junto a una mesa enorme, rodeado de las grandes frases de los adultos, junto a los niños que quería destacar unos sobre otros, yo me sentía como una hoja diminuta, frágil, delicada; una hoja que un viento tremendo arrastraba hasta lo profundo del bosque, hacia la oscuridad, hacia el silencio, para finalmente desaparecer, pequeña, imponderable. Siempre me sucedía al vivir emociones fuertes o complicadas, emociones que no me sabía explicar o que no me quería explicar; me metía adentro de mí mismo y me sentía desaparecer. Que este sea el primer recuerdo que tengo como personas no es un detalle menor. De ahí en más, con el paso de los años, mis inseguridades y temores fueron *in crescendo*.

No obstante, mi infancia fue entretenida. Era feliz, pero iba un poco por mi cuenta. Jugaba con mis primos y en el colegio también tenía amigos, pero no les daba mucha importancia a las relaciones de esto tipo por aquellos años, no me preocupaba demasiado de lo que pasaba alrededor con mis compañeros: vivía en el centro de mí mismo, era muy mío, de mis cosas, con mi sensibilidad y mis descubrimientos personales.

La verdad es que hacía más o menos lo que hacía cualquier chico de mi edad. Por ejemplo, participaba en clases de fútbol —deporte del que era un gran entusiasta—. Recuerdo que todos los sábados disputábamos partidos contra otros niños y para mí esto era muy divertido. Era como una batalla entre colegas, una batalla imaginaria, de representaciones, de candor, en donde no existía la mala intención, sino sencillamente la necesidad de divertirse, crecer, acertar, equivocarse, experimentar, vivir.

También practiqué natación. Todavía me encanta nadar, es algo que me quedó de aquellos años de la infancia. Sumergirse entre las aguas, en el silencio, en el frío de la corriente, para mí todo esto tiene algo de místico, de regenerativo, de sanador.

Desde muy niño, además, siempre me interesó la música. Uno de los primeros recuerdos que tengo es el de un concierto de Mariah Carey que pasaron por la televisión. Con una de esas viejas cintas de VHS que abundaban en la época grabé todo el espectáculo y lo vi sin parar una y otra vez. Estaba maravillado con la voz de la cantante estadounidense, su manera de moverse por el escenario, el juego de luces, su vestuario, la escenografía que brillaba en la pantalla como salida de un espacio imposible o un reino maravilloso. Mi gusto por la voz y canciones de Mariah Carey no ha disminuido con el paso de los años.

También me fascinaba ver en la televisión los concursos de Eurovisión, un evento que para mí es de una importancia y belleza extraordinarios. Vi muchos artistas desfilar por el escenario, admirado, imitando secretamente a algunos, fascinado por las letras, la melodía y los bailes. En ese momento no lo podía saber, pero la música sería uno de los motivos más importante en mi vida, algo que las voces que escuchaba en mi cabeza me impulsaron a experimentar, a practicar, a descubrir, y a lo que me dedico hoy en día: el canto.

Así fueron mis primeros años, entre campos de fútbol, con los negros botines embarrados, buscando marcar un gol al equipo rival; en el colegio, con amigos, despreocupado, explorando mi sensibilidad; en las piscinas de mi ciudad, sumergiéndome, nadando entre el silencio y la presión de las frías aguas; un poco después tonteando con alguna compañerita que me gustaba, esos primeros amores de niño que nunca se olvidan. Mi infancia, en definitiva, fue una infancia corriente y entretenida.

Tampoco me puedo quejar de mi ciudad. Me gustaba mi ciudad, también Madrid. Me fascinaba el ambiente, las grandes zonas verdes, jugar en el parque con mis amigos, en las calles, al aire libre. Creo que aquella época, finales de los ochenta y principios de los noventa, fue una buena época para España. Nuestra generación fue de las últimas que disfrutó pasar tiempo al aire libre, viviendo una vida de contacto con la naturaleza y el mundo.

Para mí la naturaleza es muy importante. Creo que este sentimiento viene desde mis primeros años, cuando jugaba en mi ciudad. Con el paso del tiempo la naturaleza cada vez ha ido tomando un cariz más decisivo para mí y hoy representa un aspecto fundamental de mi vida.

Compadezco un poco a los chicos de hoy en día, para quienes todo el entretenimiento posible está en los móviles, los ordenadores y los videojuegos. Los jóvenes de hoy se sumergen durante la infancia en esa irrealidad de imágenes y *bites* y se alejan cada vez más del mundo que está afuera, mucho más hermoso y gratificante que cualquier red social o videojuego. Considero que esta necesidad de novedad y actualidad es la que ha hecho que muchas personas de las nuevas generaciones caigan con tanta frecuencia en la adicción a las drogas y den tanta importancia al sexo. En mi época era distinto. Y la verdad es que me gustaría que los jóvenes de hoy tuvieran la infancia que yo tuve.

Recuerdo con mucho cariño la vida familiar entre mis ocho y diez años. En casa de mi abuela había una gran terraza y nos reuníamos todos los primos a jugar a las cartas, parchís, fútbol o a los Caballeros del Zodiaco — un manga japonés que nos encantaba y estaba muy de moda por aquel tiempo—. Era muy bonito, pero viendo nuestras diversiones de niños con los ojos del adulto no puedo dejar de criticar ciertos aspectos. La verdad es que algunos de los juegos eran bien arcaicos. Y, en retrospectiva, me hubiera gustado que en aquellos años estuviéramos más en contacto con las artes, las que honestamente por entonces eran prácticamente inexistentes en nuestras vidas. Creo que un poco de arte en mi vida desde una temprana edad me hubiera ayudado mucho para afrontar todo lo que me sucedería después.

Otro de los aspectos de mi infancia que debo criticar, como adelanté más arriba, es la presión que los adultos ejercían sobre nosotros. Había mucha crítica sobre mis primos y sobre mí. Estoy convencido de que hubiera sido más positivo que estos años transcurrieran de otra manera, con más comprensión y menos competencia.

Como dije, mi familia pertenece a una clase media acomodada. Lo cierto es que teníamos dinero y a mí nunca me faltó nada. Nuestra casa era muy grande, de unos cien metros cuadrados. Estuve en colegios privados y participé en actividades extracurriculares. Pero honestamente sentí que me faltó más apoyo en mi infancia. Los familiares con los que vivía eran la cara y la cruz de la moneda. Por una parte, la figura masculina era dura, autoritaria, insondable, poco comunicativa; la femenina, en cambio, era sumisa, callada, sin autoridad, tranquila. Además, no podían faltar las tías quizás demasiado cotillas, con esposos agresivos, guerreros, díscolos, groseros.

En este contexto crecí. Y como cualquier niño curioso y sensible tenía más preguntas que respuestas.

En no pocas ocasiones negaban lo que pasaba a mi alrededor. Me reconocía distinto. Pero, como dije, por esos años mi única "herramienta" —entrecomillo la palabra— era replegarme dentro de mí mismo para combatir o al menos huir parcialmente de lo que encontraba en mi ambiente y no era capaz de comprender: toda la agresividad, competencia e incomprensión. Un mundo alejado de la sensibilidad del que me sentía muy distante.

Que la vida es dura nadie lo duda. Ya desde muy pequeño comencé a sentir que el sufrimiento se instalaría una larga temporada en mi vida. La verdad es que mi existencia ha sido cuesta arriba y me he encontrado todo tipo de obstáculos. Pero no deja de ser menos cierto que la vida también me ha dado regalos enormes: cantar, escribir, actuar, reír, y muchas cosas más.

Con el paso de los años descubrí que vivir es apostar por la vida a pesar de las heridas y las vendas que llevas dentro. Así tuve que jugar —con mil heridas y vendas en todos lados— y saltar, a pesar de que podía haber un abismo abajo. Muchas veces me encontré saltando al vacío con mil cadenas que fui perdiendo al compás de una melodía que no marcaba yo, sino el propio abismo, o la vida ¡Quién sabe! Lo fui descubriendo poco a poco, viviendo.

Aprendí, además, que la vida es eso que nos lleva con su cadencia, eso que nos lleva a "unirnos". Bueno, más bien a separarnos. Pero eso es solamente por el miedo que tenemos a sentirnos cerca. Desgraciadamente el miedo muchas veces marca el ritmo del mundo, aunque el amor es más fuerte y siempre vence y vencerá. La búsqueda, la verdadera búsqueda, es la de encontrar nuestra felicidad.

Capítulo 2
LA INFANCIA Y LOS MALTRATOS

Yo era un niño muy ingenuo, inocente, sensible, vivía muy metido en mi mundo y era feliz ahí, jugando con mis primos o sumergido en mis cosas. La infancia, más allá de este sentimiento de invisibilidad y la sensación de meterme dentro de mí mismo que expliqué más arriba, fue feliz. Dejé de ser feliz cuando ingresé al mundo real, cuando el mundo de los adultos me mostró por primera vez su cara cruel y mezquina, llena de envidias y de celos.

No sé por qué, cuál fue el motivo secreto que lo impulsó, pero a partir de los nueve años se me hizo imposible esconderme dentro de mí mismo. A partir de esa edad y en adelante para mí fue imposible desaparecer. El mundo estaba frente a mí, con su cruel verdad, y no había lugar a donde ir o dónde esconderse.

En muchos momentos de mi infancia recuerdo que me atormentaba un vacío intenso y doloroso. Era como si realmente no existiera. Me dejaba llevar por la marabunta de la gente que dirigía mi vida. Por entonces, como he dicho, no tenía personalidad ni genio ni autoestima. ¡No existía! Y como si esto fuera poco convivía con un dolor existencial fuertísimo.

Entonces me dejó de funcionar aquella forma que yo tenía de desaparecer, de alejarme mentalmente de lo que me rodeaba. Ya no podía abstraerme, no podía irme, el mundo real estaba ahí, frente a mí, repito, y yo ya no podía penetrar en mi mundo de fantasía.

Desde muy niño huía, sobre todo, de los hombres de la familia, varoniles, machotes y sin corazón. Pero de la noche a la mañana sentí que una voz me dijo quedamente al oído:

—A partir de ahora ya no podrás desaparecer.

Y efectivamente, a partir de ese momento, por mucho que lo intentara, ya no lo pude conseguir.

La consecuencia de esto fue que cada vez me fui menguando más y haciéndome más pequeñito. El chico alegre de antaño se fue volviendo más inseguro, débil, miedoso, en fin, sin autoestima ninguna. Honestamente me daba miedo todo. No sabía qué hacer conmigo mismo, en dónde esconderme, adónde huir. No sabía defenderme ni de los hombres ni de las mujeres. Además, tenía una voz muy endeble, frágil, hablaba muy bajito y apenas vocalizaba las palabras que salían de mi boca. No me sé explicar el por qué, repito, pero me dolía la vida. Vivir me dolía muchísimo. Solamente quería morirme.

Estaba completamente perdido dentro del mundo. Hay personas que saben qué hacer con su vida y siempre tienen claro lo que quieren vivir. Pero yo no sabía cómo organizar mi existencia, desde lo más pequeño hasta lo más enorme.

Durante la infancia, por ejemplo, para mí era tremenda la oscuridad opresiva de la noche. No era solamente la oscuridad que me rodeaba, intangible pero cabal, sino la oscuridad del alma. Me dolía mucho el mundo por la noche. Temía quedarme solo. No podía soportarlo. Por eso me acostaba, en silencio, y hundía la cabeza debajo de la manta y ahí me quedaba. A veces lloraba bajo las sábanas, escondido; otras veces pensaba en mi mundo mágico y

ficticio de duendes y figuras mitológicas. Era muy soña-
dor, idealista y utópico.

Puedo asegurar que desde muy pequeño la magia fue
parte mi mundo. Podía representarse de muchas maneras
distintas. Por ejemplo, una noche de enero vi a los Reyes
Magos caminar por mi habitación. Los vi con claridad,
los contornos perfectamente perfilados, los trajes largos,
brillantes, las barbas hasta el pecho, la corona, turbante y
bonete bien ajustados en la cabeza. Al ver esto no creí ni
pensé que los Reyes en realidad podían ser padres disfra-
zados. No lo supe hasta que, ya muy mayor, mis familiares me admitieron que los Reyes eran ellos. Lo que trato
de explicar con esto es que para mí el mundo mágico no
solamente era completamente real, sino que estaba ahí, al
alcance de la mano, y pertenecía al mundo, al menos a mi
mundo. Y mi mundo era especial, uno que nadie más que
yo entendía. Además, rara vez lo compartía con alguien.
No lo hacía porque se me ridiculizaba cada vez que men-
cionaba algo sobre estos misterios y posibilidades. Además, para ser completamente honesto en ocasiones me
sentía profundamente atemorizado por todo lo referente
a mi mundo espiritual y particular. Sufría. Me dolía. Todo
lo referente a mí mismo me clavaba puñales en el alma.

Visto en la distancia, creo que mi oscuridad, en realidad, era mis ganas de triunfar en la vida. Mi oscuridad
existía porque yo quería brillar. Todo lo contrario a lo que
llegué a pensar en otros momentos de mi existencia. Fue
por esto por lo que me fui volviendo cada vez más pequeño e invisible. Era incapaz de creer en mí mismo. En
ocasiones me veía como alguien sin valor y sin fuerzas
para vivir, alguien diminuto, invisible.

Hay muchas cosas que no recuerdo de mi infancia. Pero muchas otras han quedado grabadas en mi memoria con tinta indeleble, momentos buenos y malos que puedo repasar de arriba abajo a mi antojo. Aunque no deja de ser cierto que la memoria siempre es engañosa; nunca somos eso que recordamos, pues no somos la imagen que creamos sobre aquello que fuimos. El pasado, las rememoraciones, son también una invención, un hacer de nuevo, un recrearnos. Sin embargo, algunos datos son fieles, y algunos instantes están ahí, inmutables, en la infancia.

Recuerdo que pasábamos todas las vacaciones de verano en Murcia. Prácticamente todos los veranos de mi infancia los pasamos en esta ciudad del sureste de España. Me encantaba ir para allá. Mis familiares tenían una casa y me divertía mucho con otros niños. Los días eran largos, calurosos, interminables. Todas las mañanas íbamos a la playa, luego almorzábamos y en la tarde jugábamos a las cartas, o hacíamos algún deporte, o nos reuníamos en algún sitio en donde charlar. Recuerdo que en la playa navegábamos en barcos de amigos de mis familiares y nos subíamos a plátanos inflables que se deslizaban a toda velocidad sobre las olas. Era todo muy divertido. El mar siempre me ha gustado, las aguas, las sales, las corrientes, las olas. El agua, como decía más arriba, tiene un efecto importante en mí. Y las playas y los mares de la costa de Murcia son verdaderamente preciosos: Playa de las Mil Palmeras, Playa de las Higuericas, Playas de La Llana, Playa La Puntica. Las recuerdo todas muy bien; todas preciosas.

Durante aquellos veranos en Murcia, cuando ya teníamos más edad, por las noches nos escapábamos de fiesta.

Era todo todavía muy inocente, algún baile con una chica, una conversación quizás con matices capciosos, risas, juegos. El verano de los preadolescentes, poco más. No lo hacíamos todos los días, pero algunas veces lo hicimos. Los veranos en Murcia eran muy activos, vigorizantes, atractivos.

Pero poco antes de que me diagnosticaran la esquizofrenia, mis familiares vendieron aquel chalet de Murcia. Viéndolo ahora, desde la distancia, hubiera preferido que no hubiesen vendido aquella casa de la costa. Aunque lo cierto es que ya por aquellos años (mis dieciocho) íbamos poco. Esa parte de la infancia, tan viva, tan colorida, henchida de juegos y diversiones, quedó atrás, como tantas otras cosas quedaron atrás.

En mi ciudad de las afueras de Madrid pasaba bastante tiempo con tres amigos. Pero cuando enfermé, me alejé de ellos. Las voces que escuchaba en mi cabeza constantemente me decían que ellos no eran buenos conmigo, que no me hacían bien, que lo que más me convenía era no verlos más, alejarme definitivamente de ellos. La verdad es que no me trataban tan mal, no había episodios de *bullying*, pero algunos de estos chicos eran bastante conflictivos y estaban cerca de la exclusión social.

Uno de ellos, por ejemplo, tenía una madre adicta a las drogas. Esto, por supuesto, repercutía negativamente en el hijo y en muchas ocasiones sus acciones no eran las más acertadas. Otro, de padres divorciados, fue abandonado por la madre y tuvo que ser "rescatado" por el padre.

Lo cierto es que, como decía, si bien no hubo episodios de violencia explícita, estos chicos no me trataban nada bien. Era un maltrato sutil, seguramente impulsado y determinado por las tragedias que cada uno de ellos estaba viviendo en su intimidad. Todo aquello repercutía en nuestras relaciones. Y cuando las voces que escuchaba me hicieron notar que los contactos con estos chicos no me hacían ningún bien, pues decidí alejarme.

Doy un ejemplo. Una vez la madre de uno de estos chicos nos pidió ayuda para pintar la fachada de su casa. Nosotros aceptamos y bajo el terrible sol del verano nos pusimos a pintar. Estuvimos unas cuantas horas ahí, acalorados, con las brochas y los toneles de pintura, repasando toda aquella fachada, pero en todo el tiempo que estuvimos ahí, la mujer, la madre de mi amigo, no nos dio ni un vaso de agua, prácticamente ni nos agradeció. Aquello era un verdadero abuso. Pero yo no era capaz de verlo. Al menos no fui capaz de verlo hasta que, como decía, las voces que hablaban en lo profundo de mi conciencia me lo hicieron notar.

Pero no todo fue negativo con estos amigos. También vivimos buenos momentos. Algunos memorables dentro de la infancia.

En una ocasión, por ejemplo, descubrimos una puerta abierta detrás de una Iglesia que quedaba justo en frente de mi casa. Recuerdo perfectamente la emoción que sentimos en ese momento. Era una tarde de otoño, el tiempo empezaba a refrescar y no tardaría mucho en caer la noche. Nos escurrimos por la gran puerta de madera e ingresamos en aquel espacio prohibido. Éramos niños y, como tales, curiosos. No sabíamos muy bien qué íbamos a encontrar ahí adentro. Tampoco estábamos muy conscientes de lo que buscábamos. Pero una fuerza, una atracción muy viva nos impulsaba. Al traspasar el umbral descubrimos un cuarto en penumbras, limpio, solitario, que nos pareció abandonado o, en todo caso, un lugar en el que nunca entraba nadie. Para nosotros aquella ruptura del orden, aquella violación a la autoridad, el hecho de entrar a un lugar tan solemne sin permiso alguno era muy emocionante. No hicimos nada allá adentro, por supuesto, sólo tomamos algunos juguetes que encontramos, poco más, pero para los niños que éramos fue una aventura increíble.

No sé si mi rechazo a la religión católica inició en ese momento, pero lo cierto es que mi relación con la Iglesia no es la mejor. Hice la comunión, pero en retrospectiva hubiera preferido no hacerla. Con los años, y ya en mi madurez, me acerqué al budismo. Fueron los budistas quienes me ayudaron a sanar, pero ya llegaremos a ello.

Lo que más marcó los años de mi infancia, sin embargo, lo que dirigía y parecía que ocupaba todos los momentos en mi vida era la baja autoestima, la inseguridad, el miedo, un miedo profundo, intangible, total, en estado puro, inenarrable, que me perseguía y del cuál no podía determinar el origen ni el alcance.

Entre mis catorce y quince años, cuando debía ingresar al instituto, este miedo creció a niveles insospechados. El culpable fue un amigo. Este chico me empezó a decir que en el instituto iba a sufrir muchos episodios de maltrato, tanto físicos como emocionales. Me aseguró que aquello iba a ser terrible e inevitable. Me lo dijo tantas veces, con tanta insistencia, y había tanto convencimiento en sus palabras que, para mí, el instituto se dibujó en el horizonte como un infierno, como un lugar que debía evitar a toda costa para que no me dañaran y para no sufrir.

No quería empezar el instituto. Mi paso natural era entrar en uno público, pero el miedo fue tan grande que hablé con mis familiares para pedirles que me inscribieran en uno privado. No sé por qué, quizás por ingenuidad o porque mi amigo solamente hablaba del instituto público, yo me convencí de que en el privado aquellos episodios de maltrato no existirían. Mis familiares escucharon mis argumentos y finalmente accedieron. Ingresé en el instituto privado y puedo asegurar que este fue uno de los peores errores de mi vida.

Era un instituto pijo, de chicos que pertenecían a familias acomodadas. Mis miedos creados sobre la imagen del instituto público eran grandes, pero la realidad del privado superó aquella ficción. Sufrí todo tipo de acosos y maltratos. Esos años fueron muy duros para mí.

Sólo para dar algunos ejemplos, contaré que uno de mis compañeros se obsesionó conmigo en plan sexual. Tenía algo de romántico, pero al mismo tiempo, de malsano. Me seguía, me miraba, me buscaba, me insinuaba todo tipo de proposiciones. Sucedía en las clases, en los recesos, a la entrada, a la salida. No había un momento de descanso para sus acosos. Una vez me invitó a ver *Titanic* (la película de moda por aquellos años, con Leonardo Di Caprio y Kate Winslet), pero yo me negué. Aquella situación era de verdad molesta. Podría parecer una circunstancia tremenda, sin embargo, otros compañeros fueron aún más lejos. Me sucedió, en no pocas ocasiones, que mientras yo estaba en el baño algunos de ellos me escupieran. Incluso cuando estaba en el váter ellos se trepaban en los cubículos cercanos y sin mediar palabras me lanzaban un asqueroso escupitajo. Era profundamente indignante y desagradable, por supuesto. Todavía recuerdo muy bien esos momentos, aherrojado bajo un cerco de risas, insultos, incomprensión y desprecio. También, entre varios me obligaban a lavarme las manos con su saliva. Me tiraban los apuntes al suelo, rompían mis libros, me golpeaban contra la pared, me denigraban. Era un verdadero infierno.

Están muy frescos en mi memoria esos momentos, el largo pasillo del instituto, las miradas de los maltratadores, las palabras silenciosas que se intercambiaban al verme, antes de abordarme con otra sarta de insultos, de golpes y de burla.

Nunca denuncié aquellos episodios de maltrato. La verdad es que nunca se lo dije a nadie. Con el tiempo mis familiares se dieron cuenta de que estaba sufriendo *bullying* porque siempre estaba solo y llegaba a casa con todos mis cuadernos desgajados, mis bolis rotos, mis libros hechos ristras irreconocibles.

Al ver esto mis familiares hablaron con los profesores, pero honestamente la situación no cambió mucho. Era finales de la década de los noventa y por entonces no existía una verdadera conciencia sobre el problema del *bullying*, nadie en aquel entonces parecía darles el verdadero peso e importancia a los maltratos y abusos de este tipo, mucho menos a las profundas heridas que pueden generar en las personas que los sufren.

La vida familiar, por otra parte, seguía igual que antes. Sinceramente yo no me entendía con mis familiares.

Ellos eran muy terrenales, pragmáticos y mundanos; yo sentía que estaba en otro ámbito, en otra búsqueda, más profunda y espiritual.

Mi ambiente, por entonces, era bastante tóxico en mi familia, con mis amigos y en el instituto. Me sentía sitiado por la incomprensión, sin un camino claro hacia donde ir. No tenía idea de lo que iba a hacer con mi vida ni a qué me dedicaría en el futuro. Siempre me habían interesado las artes. Este era un mundo que sentía muy vivo dentro de mí, en el que podría expresar todo lo que deseaba e imaginaba. Pero cuando les dije a mis familiares que quería dedicarme a la actuación, aquello no sentó nada bien. Para ellos esta no era una posibilidad real a la que dedicarme. Quizás podía ser vista como un pasatiempo, un entretenimiento, algo a lo que dedicarse luego de cumplir con el mundo real y cabal, el mundo de los abogados, empresarios, administradores, etcétera. La actuación no era una opción y desde el primer momento quedó muy claro. Entonces, más perdido que antes, comenté que me interesaba un poco la psicología. Esto sonó mucho mejor a los oídos de mis familiares.

En el instituto sacaba seis o siete, era un buen estudiante, pero algo flojo. Hacía lo necesario para aprobar, el resto del tiempo lo dedicaba a mí mismo, a lo que verdaderamente me interesaba, siempre con la vista clavada en las expresiones del alma, en las artes, en la sensibilidad, en las emociones puras y duraderas del espíritu.

Es curioso, pero una de las asignaturas en la que peor me fue durante mis años en el instituto fue música. Por entonces no encontraba la manera de entrarle a las melodías y a los ritmos. Y hoy, con el paso de los años y después de vivir muchísimas experiencias y altibajos, me dedico precisamente a la música: soy profesor de canto.

La vida continuó de esta forma, sufriendo maltratos en el instituto, la incomprensión de mis familiares, sin una idea demasiado clara de lo que debía hacer en el futuro, entre quedadas en casa de mi abuela, con primos, el fútbol, hacer el gamberro y dormir. Y luego, en la adolescencia, con los consabidos comportamientos de la edad, hacer el subnormal con los amigos y el posterior descubrimiento de las chicas.

Pero entonces hubo un giro.

Al poco tiempo el instituto privado en donde estudiaba cerró. Me cambié a otro y en ese momento empezaron mis primeras paranoias. En el nuevo instituto tenía algunos amigos, pero le empecé a tomar mucha manía a todo lo que pasaba a mi alrededor. Oía que algunos compañeros me hablaban cuando en realidad no me decían nada. Honestamente no andaba nada bien. Todo esto sucedió después de haber padecido un abuso por parte de uno de mis familiares.

Capítulo 3
EL RUGIDO DE LA MENTE

Es muy difícil hablar sobre el abuso que viví por parte de uno de mis familiares. A veces las palabras no encuentran su justa proporción o lugar. Las frases, demasiadas veces, no dicen lo que queremos que digan; al menos no con la precisión que deseamos. En muchas ocasiones es imposible transcribir el horror, la desesperación, la incomprensión que sentimos. Pero como decía al principio del relato de mi vida, escribir y vivir van de la mano. Hago un esfuerzo, busco las palabras adecuadas, intento una y otra vez que las oraciones encadenadas sobre el papel se ajusten a las acciones y los hechos del pasado. Avanzo, retrocedo, busco, rectifico. ¿Es así como lo debo decir? ¿Estas son las palabras que mejor se ajustan a la verdad, a mi verdad, a mis emociones, a mi memoria? ¿En dónde puedo buscar otras? ¿Es acaso necesario inventar un nuevo alfabeto, nuevos símbolos y formas que dibujen el terror? ¿O quizás con todo lo que digo sin decir nada en específico, algo ya queda medianamente dicho? Es difícil determinar cuál es el mejor camino. A veces las palabras no son amigas, más bien son enemiga que nos combaten, con las que tenemos que luchar para tratar de decir eso que vivimos y nos atormentó en el pasado. La búsqueda es infinita, también las posibilidades. En cualquier caso, intentaré decir todo lo que sucedió, sabiendo, de antemano, que no será posible trasmitir completamente el horror y el hondo sufrimiento que me generó en ese momento.

Era verano. El calor en esta parte del mundo puede ser verdaderamente agobiante. Yo estaba sin camiseta, sudado, tratando de buscar por casa un lugar en donde el bochorno se hiciera un poco más soportable. Un familiar descansaba en un sillón cerca de una ventana. Su cara mostraba las señales del inclemente clima, la insatisfacción; lentas gotas de sudor perlaban su cara. Yo pasé cerca de él, sin un rumbo preciso, como sumergido dentro de una pecera, dentro del sopor más tremendo de las cuatro de la tarde.

Este familiar, al verme cerca, me pidió que me acercara más. Él vestía una franela ligera, un pantalón corto y unas sandalias. Recuerdo las marcas de sudor sobre la tela. El escaso cabello humedecido, los brazo velludos y brillantes, como barnizados por el sudor. Me acerqué y dibujó sobre su rostro una gran sonrisa, una sonrisa que mostraba los dientes manchados de nicotina, las marcas de viejos y quizás demasiados cigarrillos.

Cuando estuve lo suficientemente cerca, me sujetó del brazo con rapidez y empezó a acariciarme el pecho. La mano caliente y sudada se mezcló con mi sudor, con mi piel brillante y bronceada. Me acariciaba lentamente, con obscenidad, al tiempo que me decía palabras soeces, palabras rebajadas a las expresiones más mínimas y miserables.
—No tengas miedo… Mírate, si vas por ahí provocando -decía.

Palabras que se quedaron grabadas en mi memoria. Palabras que al transcribirlas no connotan el tono, la cadencia, la indecencia e impudicia que representaron en ese momento para mí. A veces es imposible reproducir una forma de expresar, un paladeo de vocales, un artículo o una preposición que sale entre unos dientes manchados por la nicotina a trompicones, sucio, terrible, para herir unos oídos que no esperaban escuchar nada de aquello.

—No tengas miedo… Mírate… Vas provocando…

La voz se repetía, redonda, como en un juego que inauguraba el miedo y la incomprensión.

Y yo no sabía cómo reaccionar. No sabía qué decir. Muy cerca de aquello que estaba sucediendo, a través de la ventana abierta, veía el mundo, los campos resecos bajo el sol del verano, los pájaros cruzar en el aire, algunos gritos de chicos que se divertían en la calle; afuera el mundo seguía, exactamente como dos segundos antes, imperturbable, indiferente a lo que estaba sucediendo en ese comedor, con esa mano tibia que se restregaba sobre mi pecho, con las palabras inmundas que salían de esa boca. El mundo, desinteresado, era ajeno a todo lo que me pasaba. Y yo, como en aquellos años de la infancia, sentía que debía desaparecer, solamente desaparecer, irme al fondo de mí mismo, alejarme de la realidad, replegarme, hacerme pequeño, invisible.

Aquella vez no fue a más. La mano que sujetaba mi brazo se ablandó, los dedos dejaron de apretar y yo pude alejarme. Pero estaba conmocionado. No podía entender ni creer nada de lo que acababa de pasarme.

No me quité de nuevo la camiseta en el resto del verano. Pasó mucho tiempo y nunca hablé de ello. Pero poco a poco, fui tomando conciencia de todo, me di cuenta del abuso y me llené de valor. Una tarde esperé a que llegara aquel familiar y sin preámbulo alguno le dije:
—Como te me acerques de nuevo te vas a tragar un puño.

Se lo dije con el puño en alto, amenazante, agresivo. Este familiar retrocedió, no dijo nada, pero desde ese momento empezaron dos años de convivencia muy difíciles. Hubo insultos y complicaciones de todo tipo dentro de la cotidianidad. El ambiente era muy pesado y tóxico. Yo me hice cada vez más rebelde, huraño, arisco. Las personas a mi alrededor no sabían lo que me estaba pasando (yo todavía no le había contado nada a nadie), pero al mismo tiempo me aseguraban que podía superar lo que me sucedía, fuera lo que fuera, y decidieron llevarme a un psicólogo.

Recuerdo el despacho del psicólogo, era un cuarto poco iluminado, con una biblioteca en el fondo, en donde un hombre de barba gris me escuchaba, anotaba en una libreta y trataba de indagar lo que pasaba por mi cabeza, el fondo del conflicto que había originado aquella rebeldía y mal humor. Por un momento pensé en contarle todo a este hombre, darle detalles, explicar lo que había sucedido. Pero una mezcla de pudor, miedo e incomprensión me lo impedían. Habían pasado cerca de dos años desde el abuso, era de nuevo verano y, finalmente, decidí que le contaría todo al psicólogo después de las vacaciones.

Pero fue durante el inicio de esas vacaciones que me dio el brote psicótico. Y todo lo que había sufrido lo guardé dentro de mí, como si fuera una parta de mí mismo. A partir de ese momento enfermé y empezaron los momentos más difíciles. Poco antes de estas vacaciones con mis familiares, como ya expliqué, había empezado a escuchar voces. Me parecía que los compañeros del instituto me hablaban cuando en realidad no decían nada. Estaba angustiado. No comprendía lo que sucedía a mi alrededor.

Era como si oyera mi propio dolor. Era mi cabeza cansada, agotada, derrotada, dominada completamente por el temor y el odio. Mis abismos, todo el horror que giraba a mi alrededor, me fueron carcomiendo, minimizando, y lentamente empezaron a hacerme cada vez más pequeño. Lo cierto es que mis traumas y baja autoestima cada vez iban a más. Cada vez hablaba menos, me hacía más huraño, secreto, solitario. Cada vez me costaba más pensar, estaba como perdido dentro de mis propios pensamientos. Las voces internas poco a poco se fueron exteriorizando. Sinceramente cada vez se me iba más la cabeza. Lloraba con mucha facilidad. Y con mis familiares discutíamos un día sí y otro también. Las relaciones, dentro de este contexto, cada vez fueron más difíciles.

En el último año de bachillerato me encontraba en la cuerda floja. Las voces dentro de mi cabeza no me abandonaban. Las oía cada vez más. Sin embargo, todavía no perdía del todo el juicio. Por entonces era una locura pasajera, iba y venía. Una y otra vez escuchaba a algún compañero del instituto.
—¿Qué dijiste? ¿Me dijiste algo cierto? -preguntaba.
—No, no dije nada -contestaba él.
Mis alucinaciones en ese momento eran sobre todo auditivas. Sinceramente tenía muy afectada la percepción del mundo.

Aquello fue *in crescendo*. Hasta el día que iba en el coche con estos familiares, encaminados a unas vacaciones que no serían tal, a un descanso que no encontraría en ese momento. Durante aquellos días empecé realmente a perder el control. Estaba enloqueciendo. Escuchaba que todos me hablaban cuando en realidad nadie me hablaba.

Pasé unos días angustiantes, tremendos, terroríficos. No encontraba un momento de sosiego ni de paz. La última noche de vacaciones, antes de regresar a nuestro pueblo a las afueras de Madrid, prácticamente no dormí nada. Pasé la noche en blanco. Empecé a creer que la radio hablaba de mí, cuando en realidad estaba apagada. Imaginaba que decía cosas terribles. Sentía que era el demonio quien hablaba. Entre otras cosas me decía que durante el viaje de regreso todos íbamos a morir en un terrible accidente. No encontraba manera de acallar esta angustia, estos pensamientos, las voces que repiqueteaban incesantemente, sin pausa, una y otra vez, una y otra vez.

Al día siguiente, antes de regresar a Madrid, mi estado de ánimo y físico era lamentable. Me senté en el coche de mis familiares con mucho miedo. No sabía qué iba a pasar. No sabía qué nos podía suceder pero me temía lo peor. Las dudas me sitiaban por todos lados. Me pasé buena parte del viaje de vuelta de estas vacaciones llorando. Lloraba desconsoladamente porque me parecía que el demonio nos perseguía. En ese momento empecé a tener alucinaciones visuales. Veía cosas, pero no como si las tuviera en frente, con cuerpo, con consistencia, sino como una imagen mental. Honestamente, pensaba que todas aquellas alucinaciones eran reales. Pensaba que el demonio nos iba persiguiendo, incansable, sediento, horrible, para acabar con nosotros, para destruirnos. Al mismo tiempo pensaba que yo mismo también era un demonio y que, en consecuencia, debía morir. Pero no quería que en esta batalla murieran los demás. Si alguien debía sacrificarse y morir, ese debía ser yo, únicamente yo. ¡Fijaos cómo estaba mi autoestima!

Los kilómetros se sucedían. El coche iba tragando metros y metros de carretera. Y ahí adentro, en esa lata de metal con ruedas, se estaba desarrollando toda la angustia y todo el terror que se pueda imaginar. El paisaje viajaba a más de cien kilómetros por hora detrás de la ventanilla: campos de Castilla, olivos, colinas ocres sin labrar, brezos y ortigas, molinos de viento, un horizonte de cuero seco. Todo pasaba allá afuera, rápido, como una pantalla, ajeno a mi sufrimiento, desconociendo lo que sentía en mi cuerpo y mi mente.

Llegamos a destino sin inconvenientes. Pero a la vuelta de aquellas vacaciones todo empeoró para mí. Parte de mis familiares iban a continuar con sus vacaciones y por diferentes circunstancias me quedé completamente solo en casa. Yo estaba desesperado, pero todavía no decía nada de lo que me estaba sucediendo. Las alucinaciones cada vez iban a más. No me dejaban en paz ni un segundo. Sinceramente ya no sabía qué hacer para que se fueran y lograr tener un momento de tranquilidad, al menos unos minutos, uno, algo, lo que fuera. Lo necesitaba con urgencia, era indispensable, no podía seguir en esa situación.

Las voces, lo que decían las voces, empeoraba. Me decían cosas espantosas. Imaginaos lo que significa escuchar ininterrumpidamente algo que no quieres escuchar, palabras bajas y terribles. Era como si el peor enemigo, alguien que se odia con toda el alma, alguien que no se quiere ver, hablara sin parar y dijera todo lo que no se quiere escuchar. Se comprenderá que dentro de esta espiral de sufrimiento y dolor la vida se vuelve inaguantable. Por eso, mi autocontrol empezó a desaparecer. La tumba empezó a crecer. Y a partir de esa misma noche comencé a dormir gracias a los ansiolíticos que le robé a uno de mis familiares.

Al día siguiente, como decía, me quedé solo en casa. Para un adolescente (debo recordar que por entonces yo no era más que un adolescente) quedarse solo en casa puede ser algo maravilloso, pero para mí en ese momento era una verdadera pesadilla. Desde el instante en que me encontré solo todo estalló.

Había dormido muy poco a pesar de haber tomado los ansiolíticos. Si no recuerdo mal dormí poco más de cuatro horas. Y nada más despertar, empecé a escuchar en mi cabeza seis o siete voces, todas distintas, con diferentes entonaciones y cadencias. Eran distintas, pero todas ellas, invariablemente, me decía que no me querían, que yo no valía nada, que era un ser insignificante. Aquello era como un terremoto dentro de mi cabeza. Un terremoto de palabras dañinas, frases y oraciones que iban agrietando los cimientos de mi conciencia, de mi cordura, de mi tranquilidad. Sentía que todo el edificio se derrumbaba. Y que yo iba a quedar abajo, sepultado por las voces, pequeño, atrapado, invisible.

Mis amigos de entonces, al saber que estaba solo en casa, me llamaban, me invitaban a salir. Me decían que los acompañara a algún sitio (no olvidemos que era verano), pero yo siempre me negaba, no quería ver a nadie. Lo único que quería era dormir para que todo el ruido mental que estaba sufriendo desapareciera. Pensaba que de esta manera se iría. Pero lo cierto es que aquello cada vez iba a más y más; las pastillas para dormir (unas pastillas bastante potentes) solamente me permitían descansar como mucho un par de horas. Y, en cambio, el dolor, las voces, el sufrimiento, la desesperación duraban todo el día, sin pausa. Sentía que no había escapatoria. No había adónde ir. El espiral de las voces me tragaba, inclemente, cada vez más hondo, hacia lo profundo.

Entonces, sumergido en la angustia más grande, me pregunté:
—¿Qué quieres? ¿Morir? ¿Quieres morir?
No lo sabía con certeza en ese momento y tampoco lo sé con certeza ahora. Honestamente tengo mis dudas de que quisiera morir. Pero lo cierto es que una de las voces, en un instante de desesperación, me susurró:
—¡Suicídate! ¡Suicídate!

Entonces pensé que esa era la única salida que me quedaba para alejarme de tanto sufrimiento. No había otra manera. Me pareció buena idea lo que me había susurrado aquella voz y decidí hacerlo. Fui hasta el baño en donde unas noches antes había robado los ansiolíticos y tomé tres Valium. Miré las pastillas en el centro mi mano durante unos segundos. Eran pequeñas y parecían insignificantes, anodinas, inútiles. Las coloqué sobre el lavamanos. Estaba dispuesto a tragármelas. Lo había decidido. Pero en ese instante otra voz dentro de mi cabeza, con total calidad, me dijo:
—No serás capaz de hacerlo.
Esta voz sonaba amenazante, agresiva.
—¿No quieres que me tome las pastillas? -le pregunté.
—Correcto -respondió ella, con el mismo tono de antes.

En ese momento sentí que me sujetaron. No sé qué o quién lo hacía. Solamente puedo describir aquella sensación como si me hubiesen estado sujetando al mismo tiempo el cuerpo y el alma, pero no en este plano físico, sino en otro plano. Fue entonces, dentro de aquel caos, que comprendí que no debía morir.

—Está bien, no me tomo las pastillas -dije, seguro de mí mismo, todavía dentro del baño-. No me tomaré las pastillas, pero os calláis, ¡coño!

Salí de ahí, pero al volver a mi cuarto recomenzó el horror. Las voces fueron cada vez más insistentes y las frases más duras.

—¡No te queremos! ¡No vales nada! ¡Te odiamos! ¡Estarías mejor muerto!

Si bien el horror recomenzaba, la idea del suicidio (solución posible pocos minutos antes) quedaba completamente descartada. Sinceramente, recordando aquello, no sé si aquel intento de suicidio en realidad puede llamarse tal. Lo realmente importante es que una fuerza me lo impidió y no creo equivocarme al decir que sería esa misma energía la que posteriormente me ayudaría a sanar y a encontrar un justo equilibrio en mi vida.

Unos días después, con todo el mal aspecto que tenía por dormir prácticamente nada y por la terrible situación que estaba viviendo, las voces me dijeron que si salía de casa a las 15:00 en punto, en pleno agosto, vistiendo ropa de uno de mis familiares, ellas limpiarían mi casa y me limpiarían a mí, es decir que, en pocas palabras, se irían. Dijeron que si yo quería que se fueran, debía salir rápido y hacer todo lo que ellas me decían. Vestí la ropa que me habían ordenado. Era una ropa demasiado grande para mí, ancha, ridícula, que me sentaba francamente mal y se notaba a leguas que no era mía. Ni siquiera era capaz de lograr que me quedara bien sujeta al cuerpo. Constantemente se me caía. Pero nada de aquello me importó. Si eso servía para acallar las voces, estaba dispuesto a hacerlo.

Al salir de casa primero fui a un parque. Hacía calor, lo recuerdo, demasiado calor. No estaba muy seguro de lo que debía hacer ni adónde ir. Me senté en un banco del parque un rato y aguardé. Poco tiempo después decidí ir a casa de un familiar que vivía cerca de ahí. Al abrir la puerta este familiar me miró de arriba abajo. Mi aspecto era lamentable: como decía no había dormido en días, tenía ojeras, estaba pálido y, como si fuera poco, llevaba esas anchas ropas que no era capaz de mantener en su sitio.

—¿Qué te sucede? ¿Estás bien? -me preguntó este familiar y me pidió que entrara.
Me senté en un sofá del comedor y me dijo que iba a llamar a un médico, pero yo me negué. No recuerdo muy bien que pasó entonces, aquellos momentos son vagos y se difuminan en la memoria. Sí recuerdo que finalmente, no sé cuánto tiempo después, me trajeron a casa.

Más tarde esa misma noche escuché que llamaban a mi puerta.
—¡Abre! Por favor, queremos ayudarte -me dijeron.
—No, estoy bien, no me pasa nada -contesté yo.
—No, no lo estás. Y de aquí no nos vamos hasta que nos abras la puerta.

Había pasado solo en casa cerca de cuatros días, pero ya no estaba solo. Ahí, del otro lado de la puerta, mis familiares querían ayudarme. Finalmente abrí. No puedo saber cómo me veía, cuál era mi cara, el cansancio que se reflejaba sobre mis ojos, la palidez de mi piel; pero sí recuerdo la expresión de mis familiares al verme, la preocupación que trasmitían sus miradas.

Al día siguiente me llevaron al psiquiatra. Esquizofrenia paranoide fue el diagnóstico. A partir de ese momento empezó un viaje increíble, el viaje de mi vida en la penumbra, en el abismo, en la más profunda e inenarrable oscuridad. Desde ese momento empecé a ser partícipe de mis propios juegos. E inició la búsqueda para aprender a vivir después del rugido de la mente.

Capítulo 4
EL ABISMO

¿Cómo explicar lo que me estaba sucediendo si yo mismo, en ese momento tan oscuro y complicado de mi vida, no entendía absolutamente nada? ¿Cómo buscar, indagar, tratar de comprender el problema sin sumergirme en las malas noticias, en el caos más tremendo? Era imposible. Una vez que los médicos dijeron que padecía esquizofrenia no era difícil adivinar que mi vida no volvería a ser la misma. Frente a mí, ante mis ojos, en mi futuro, se dibujaba un paisaje de lucha, incomprensión, tristeza y soledad. De cierta manera intuía, imbuido en el terremoto y rugido de lo que pasaba a mi alrededor, que mi existencia no iba a ser nada fácil.

Es difícil, demasiado difícil, tratar de explicarse situaciones y sensaciones que escapaban a nuestro entendimiento. Mi estado de ánimo en aquel momento era confuso, caótico, vertiginoso. Vivía, como dije más arriba, en un torbellino. Los cimientos de todo lo conocido, de todo lo que había creído, proyectado y pensado se desmoronaban. ¿Hacia dónde seguir? ¿Qué vendría de ahora en adelante? ¿Qué o quién podría entregarme alguna respuesta? ¿Dónde encontraría el resquicio, la grieta por donde se escurre la luz, la guía, la energía que me ayudaría a superar todo esto?

En ese momento, sin yo saberlo todavía, iniciaba el viaje. Un viaje con altibajos, por supuesto, una experiencia vital difícil, pero que a mí se me antoja, ahora que lo veo en la distancia, como un proceso necesario por el que tuve que transitar para obtener el verdadero y profundo conocimiento de lo que soy, de lo que debía ser, del destino que venía a cumplir en este plano terrenal.

La verdad es que no recuerdo prácticamente nada de los primeros tres meses de la enfermedad. Solamente sé que la oscuridad se instaló cómodamente en mí, arrellanándose, segura, imperturbable, como un monstruo dentro de una de las cuevas más profundas de la conciencia. No podía respirar, ni hablar, ni pensar tranquilamente. Este ser monstruoso, que habitaba en mí, me oprimía, me perseguía, me sofocaba. El ruido mental era constante, una taladradora, un repiqueteo lleno de sensaciones, sonidos, voces, cadencias, ideas, imágenes. Todo esto daba vueltas dentro de mi cabeza, sin descanso, sin pausa, como una espiral, una y otra vez. No recuerdo exactamente qué cosas me decían en ese momento las voces, pero estoy convencido de que no era nada bonito, puedo adivinar que aquellas palabras estaban llenas de desprecio, reproches e insultos.

—No vales nada. No sirves para nada. No te queremos. Eres un inútil…

Los días fueron largos, repetitivos. En realidad, visto con los ojos y la experiencia de ahora, puedo decir que aquellos tres primeros meses fueron como un inmenso día, un único y largo día en el que el tiempo cotidiano seguía pasando, las horas transcurrían, los minutos se sentían, pero todo era tan parecido, había tanta incomprensión y oscuridad alrededor, que honestamente era imposible diferenciar un momento de otro. En esos tres meses el tiempo perdió su carácter, se hizo maleable, dócil, arbitrario. Era como si las horas no pudieran medirse con el movimiento del reloj sino con las sensaciones. El caos se había hecho dueño de todo y, en el centro, perdido en aquel laberinto, sin encontrar una salida (sin saber en ese momento si existía o existiría una salida), me encontraba yo, incapaz de comprender.

Al cabo de este tiempo, al finalizar los primeros tres meses, acepté que sufría esquizofrenia. La aceptación no fue más fácil que lo anterior. Creía que en adelante iba a estar perdido toda mi vida. Que hiciera lo que hiciera no encontraría una luz o una razón que me guiara. Pensaba que nada sería fácil. Que todo aquello que sentía y no me podía explicar no me abandonaría. En este contexto el caos y la incomprensión se hacían cada vez más profundos, de una hondura abismal, vacua, terrible.

Sin embargo, un día las voces que no me dejaban en paz un segundo, el repiqueteo de mi cabeza, se empezó a definir. Una voz se moldeó, se sacudió el ruido superfluo y poco a poco empecé a escuchar un mensaje mucho más concreto, sin tanto caos. Los mensajes que esta voz decía eran repetitivos, con una cadencia constante, monótona.
—Todo va a cambiar. Todo va a cambiar. Nos vas a encontrar. Vas a sanar. Vas a sanar…

Una y otra vez lo mismo. Este mensaje había aplacado o enterrado a todos los anteriores, a los destructivos y terribles que llevaba escuchando sin parar durante meses.
—Todo va a cambiar. Nos vas a encontrar. Vas a sanar…
Me repitió las palabras con insistencia a lo largo de una semana. Siempre las mismas palabras. Aquello era como el murmullo de una fuente, el transcurso del agua de un río, la lluvia que cae sobre la tierra sedienta.

Al principio yo no creía nada de lo que estas voces me decían. Pero eran tan insistentes, tan repetitivas, tan tranquilizantes, que terminé por darles cierta credibilidad. Yo ya había salido del hospital. El caos y la oscuridad no se habían ido. Estaba agotado, perdido. Pero al mismo tiempo aquellas voces parecían querer guiarme hacia algo, hacia alguien, no lo sé.

Estaba en esto cuando un viernes de noviembre del año 2000, justo tres meses después del comienzo de todo lo que he relatado, unos familiares me preguntaron si quería acompañarlos a un conocido centro comercial. Al escuchar esta proposición no le di demasiada importancia. Podía ir o no ir, era igual. Sin embargo, luego de que este familiar me lo dijo, escuché dentro de mi cabeza, con fuerza y una claridad absoluta, lo siguiente:
—Di que irás. Di que irás. Ahí nos vamos a encontrar...

Todavía recuerdo lo que sentí al escuchar aquello. En cierta forma, ambas cosas habían pasado al mismo tiempo: la invitación de mi familiar y la voz que me decía que aceptara. La voz había sido clara. Lo había dicho con seguridad y potencia. Así que yo, con miedo, pero también con mucha curiosidad, le contesté a este familiar que sí iría al centro comercial. ¿Qué me podría pasar en ese encuentro? ¿A qué le podía temer? Nada podría ser peor que el infierno que estaba viviendo. No perdía nada con probar aquello que las voces me decían. ¿Qué iba a encontrar ahí? ¿A quién o a qué? No lo sabía. Tampoco era capaz de imaginarlo.

Esa tarde nos dirigimos al centro comercial. Las voces dentro de mi cabeza en ese momento eran monotemáticas e iban *in crescendo*. El ruido mental era agobiante, pesado, tremendo. Nunca como en ese momento mi cabeza había soportado tanta presión. En consecuencia, cada vez me fui haciendo más pequeño, diminuto, frágil, invisible. Me empezó a doler la cabeza. Tenía la neta sensación de que yo no existía, que no estaba ahí, que el mundo era inmenso, gigante y que yo era un ser casi imperceptible que habitaba en él, que se perdía en él, que no encontraba salida.

Subíamos por una de las escaleras mecánicas del centro comercial, lo recuerdo perfectamente. Me imagino que alrededor las personas vivían su vida con completa normalidad, las cosas pasaban dentro de la más absoluta cotidianidad. Digo que *me imagino* porque en ese momento yo no era muy consciente de nada de lo que pasaba alrededor, estaba sumergido dentro de mí mismo, perdido en mí mismo. Sin la menor duda, el mundo, más allá de todo lo que yo estaba sufriendo, debía seguir igual a ayer, idéntico a mañana. Seguimos subiendo por las escaleras mecánicas y, al llegar a la planta de zapatería, la presión de mi cabeza explotó hasta los límites de un tsunami, era una ola inmensa y destructiva que lo iba tragando todo a su paso, sin preocuparse o detenerse a considerar qué destruye, qué desgarra, qué desbarata, qué cosas transforma para siempre. Uno de mis familiares, al verme tan cansado, arrasado por esa fuerza destructiva, me preguntó si quería sentarme y descansar un rato para reponerme. Accedí a sentarme en un lugar cercano. No sé cómo me veía en ese momento, pero puedo adivinar que mi palidez, mis ojeras, mi cansancio y mi cuerpo encorvado debían de entregar una imagen lamentable, el reflejo fiel de todo lo que estaba sufriendo, todo lo que estaba pasando dentro de mi alma, toda la lucha que se desarrollaba en lo profundo de mi conciencia.

No había terminado de llegar al lugar en donde me iba a sentar cuando, con absoluta nitidez y potencia, la voz dentro de mi cabeza me dijo:

—Ahora nos vamos a encontrar. Ahora nos vamos a encontrar…

Llegamos junto a los asientos. Estaban ocupados por dos mujeres de piel oscura, grandes, inmensas, con un porte verdaderamente imponente. Mi familiar preguntó a una de ellas si podía dejarme un poco de espacio para sentarme, pues no me encontraba nada bien. Recuerdo perfectamente que una de las mujeres que ahí estaba, al escuchar esto, me miró fijamente, con dureza y frialdad, poco asertiva. Me miró con tanta acritud que no he podido olvidar o borrar esa mirada de mi mente. Era fuerte, profunda, decidida, dueña de sí misma. Finalmente, la mujer se movió un poco, apartó un periódico que estaba junto a ella y yo me pude sentar.

Mi familiar me dejó en ese lugar y se retiró. Fue en ese momento, en ese preciso e irrepetible momento, que yo empecé a desaparecer. Me explico con mayor claridad. Durante aquella última semana las voces habían sido particularmente insistentes y fuertes, pero no fue sino a partir del instante en que me senté junto a aquella mujer de piel oscura y porte imponente que las voces se convirtieron en un concierto, en una sinfonía insufrible, insoportable, terriblemente caótica. No podía soportarlo más. Lo único que sé es que yo, de cierta manera, no estaba ahí, no estaba presente en el centro comercial. Era como si me hubiera caído al fondo de mí mismo. Me había enredado con las voces en un plano intangible, imponderable, improbable. No estaba ni en mi cuerpo ni en mi mente. Era una verdadera desaparición, un estado entre planos, un lugar que no es lugar, una invisibilidad que no es invisibilidad porque las palabras no pueden definirla. Era el no espacio, el no lugar, las no sensaciones. Pero al mismo tiempo era todo eso sin serlo. Es difícil de explicar. ¿Cómo explicar un plano de inmaterialidad material? ¿Cómo explicar un centro en donde no hay referencias para establecer ese centro? ¿Qué pueden decir las palabras sobre un estado y un lugar en donde no existen las palabras? Nada puede definirse en ese espacio. Pero ese espacio era, existía, y yo, que asimismo era y existía, estaba ahí, invisible, pequeño, perdido.

No puedo determinar cuánto tiempo duró aquel viaje. (Lo llamo "viaje" por llamarlo de alguna manera). Quizás duró el tiempo en que mis familiares eligieron unos zapatos en el centro comercial. El tiempo cotidiano de la elección de una prenda de vestir fue el tiempo que sufrí dentro de aquel torbellino indeseable. Pues ese espacio, ese limbo que he descrito no era en absoluto placentero. No se podía estar a gusto ahí adentro. Todo lo contrario. Supongo que lo que me sucedió en ese momento fue que desaparecí como me pasaba cuando era pequeño. Sólo que esta vez fui obligado, no era yo quien elegía desaparecer. Y esta vez, asimismo, me hundí en un abismo mucho más profundo, si es que la profundidad tiene algo que ver con todo esto.

El resto de aquella tarde viví la irracionalidad en estado puro. El caos más grande y sin sentido que se pueda imaginar. Me reía solo. Oía voces en inglés (yo no tenía un buen nivel de inglés por entonces). Las cosas del mundo tangible se me antojaban irreales y viceversa. Las cosas visibles eran la sensación de esas cosas, un poco de humo, algo difuso, nada; los objetos terrenales eran las sensaciones sin cuerpo ni materia posibles. Un total desvarío. ¿Cómo describir con más precisión un momento como este? Todo era, pero no era. Verdad y mentira estaban enredadas con las mismas piezas de un rompecabezas sin piezas. Las ilusiones eran emociones efímeras. Los sentidos eran una razón sin asidero. En fin

La mañana que siguió a todo esto que me sucedió en el centro comercial supuso un punto de inflexión en mi historia: ya no había ruido ni voces. Por el contrario, lo único que había era silencio, pero se trataba de un silencio compartido. La mejor manera que encuentro para describir este compartido silencio es la sensación de percibir a una persona junto a nosotros en un cuarto vacío. Sabemos que ahí no hay nadie. No vemos a nadie. Pero nada de esto impide que sintamos a una persona junto a nosotros. Junto a mí, en pocas palabras, había alguien con quien yo compartía el silencio. Y yo *escuchaba* el silencio. No es una contradicción, de cierta manera *escuchaba* el silencio, la quietud del silencio, la hondura sin bordes del silencio. Y ese silencio, que al mismo tiempo era la presencia que sentía junto a mí, en mi habitación, se me antojaba representado por una figura masculina, una figura que quería hablarme sin demora.

Recuerdo perfectamente que me incorporé en la cama. La figura silenciosa quería hablarme, sí, pero yo no quería escuchar. Me negaba a escuchar. ¿Por qué? No me lo sé explicar. Sin embargo, él, la presencia, era francamente insistente. Por eso, sin poder soportarlo un segundo más, grité:
—¿Qué? ¿Qué pasa? ¿Qué quieres? Dímelo de una buena vez… Habla… Habla…

Me dijo pocas frases. Unas pocas oraciones y palabras. Todavía las recuerdo con exactitud.

—Has tocado fondo. Ya no puedes caer más bajo. Ahora vas a salir de esta situación, pero para hacerlo vas a tener que hacernos caso en todo lo que te digamos, de hecho, no te va a quedar otra opción que hacernos caso…

Al escuchar esto me quedé a cuadros. Estaba asombradísimo. La voz no me había hablado hasta que yo le pregunté. Era como si hubiera estado esperando por mí. Y lo que me había dicho era revelador. No dijo mucho más que esto. Pero había sido tan contundente, tan directa y llana, que me quedé muy sorprendido. Además, sonaba completamente auténtica. No sé cómo describir lo que escuché. Era una voz sin voz. La voz de una presencia sin cuerpo. La figura difusa e increíble de una forma perdida entre los planos tangibles de las formas. Sin embargo, habló. Y aquella voz sabía exactamente lo que estaba diciendo y por qué lo decía. Y, como si fuera poco, me lo decía justamente a mí en ese momento tan particular de mi existencia.

Después de aquel encuentro (no lo puedo definir de otra manera que como un encuentro y una revelación) comenzó la otra parte de mi historia, el regreso a la vida, el retomar contacto con lo que soy, con mi propósito y verdad. En pocas palabras, puedo afirmar que así empezó el increíble camino hacia el renacer, hacia el resurgimiento, hacia la restauración.

No pasa un solo día de mi vida sin que yo agradezca lo que sucedió después de aquel encuentro. A partir de entonces las voces en mi cabeza cambiaron y no volvieron a ser lo que eran. Desde entonces empecé a recibir toda clase de información y órdenes sobre lo que debía hacer para volver a vivir, para volver a encontrarme en este plano temporal.

Y es esta regeneración, este renacimiento y descubrimiento de mi propio ser lo que voy a contar con todo detalle en las siguientes páginas. El viaje increíble y maravilloso hacia el alma y la verdad.

Capítulo 5
REHACERME

A partir de ese momento inició lo que podría denominar "la búsqueda del ser".

Hay infinidad de caminos, de encrucijadas, de métodos para encontrarnos a nosotros mismo. Pero ¿qué es encontrarnos? ¿Es que acaso antes del descubrimiento de nuestra verdad íntima y personal no éramos los que somos? ¿Somos algo diferente a eso que fuimos? ¿O es que quizás ya está en nosotros lo que seremos y el lento descubrimiento no es más que un proceso natural dentro de la existencia? No lo sé. Todo es posible. Yo intuyo que todos nacemos con un propósito particular y que nuestra labor es encontrar, rebuscar en el fondo de la existencia y de nosotros mismos eso que vinimos a cumplir o hacer en este mundo. Igual a como los Dalai Lama, allá, lejos, en las rocosas montañas del Tíbet, eligen el próximo cuerpo en el que reencarnar, también nosotros, cualquiera de nosotros, buscamos en los recovecos y planicies del mundo el espacio que se adapte mejor a lo que queremos ser. Y no solamente el lugar o el espacio, sino también la vocación, el oficio, la moral, la ideología. El mundo, al nacer, ya está completamente hecho; pero somos cada uno de nosotros los que, arrojados sin elección en este mundo, debemos encontrarle un motivo, una razón, una esencia por la que vivir y una verdad personal.

Rehacerse… ¿Qué es rehacerse? La reconstrucción de mí mismo fue muy lenta, dolorosa y henchida de incontables emociones. Después de episodios como los que yo viví es natural pasar por un proceso confuso y difícil. Pero el rehacerse es absolutamente necesario, es algo indispensable y urgente. No solamente es algo útil, es, podría decirse, un destino.

Pensar en aquella época en que recogí mis pedazos, lo que había quedado de mí después de todo lo que he narrado, me llena de temor, confusión, tristeza y de muchísimas sensaciones negativas. Pero todo eso también forma parte de mi historia. Y escribir es, de cierta manera, como ya he dicho, vivir, recrear, hacer de nuevo. Forma parte de mi historia, sí, y la debo aceptar exactamente como la viví. Por eso la cuento en este momento. No para deshacerme de eso que experimenté, sino porque siento que la historia que he vivido es tan grande e importante que quedármela solamente para mí sería un pecado. ¿Por qué? Pues porque hay mucha magia en ella. Una magia vibrante, poderosa, que me trajo de nuevo a la vida, que me socavó en lo más profundo, que excavó dentro de mi propia conciencia hasta conseguir expulsar todo lo oscuro, todo el dolor, todo el frío. Pero para lograr esto, como decía, tuve que rehacer cada parte de mí. Esa es la palabra clave: *rehacer*, volver a hacer lo que se había deshecho, reformar, refundir.

La definición de la palabra *rehacer* no podría ser más acertada. Pues eso fue exactamente lo que estaba pasando conmigo. Buscaba la manera de edificar otra vez lo que se había deshecho; de reformar lo que estaba sin forma; de refundir como en un crisol en donde arde el oro del individuo las piezas que habían ido quedando de mí mismo a lo largo de los años, y, principalmente, después de la esquizofrenia. Tomar todas esas partes y hacerlas de nuevo, hacerlas mejor, apartar lo que no sirve, exaltar y descubrir lo bueno, los fragmentos que estaban en mí pero que todavía no conocía.

Entonces me puse manos a la obra y rehíce mi ser. No hay que perder de vista que en ese momento tan particular de mi vida yo estaba como muerto. En consecuencia, lo primero que tuve que hacer para descubrirme fue un largo e intenso trabajo de interiorización, un perderme en el laberinto de mi alma hasta lograr conocerme. ¿Qué soy? ¿Qué era? ¿Qué seré? ¿Qué somos? ¿Qué fuimos? ¿Qué soñamos? ¿Qué imaginamos? ¿Qué tememos? ¿Qué deseamos? ¿De dónde venimos? ¿A dónde vamos? ¿Qué es la vida? ¿Qué soy o represento yo dentro de la vida? Todas las grandes preguntas con las que se puede resumir la condición humana. Toda la verdad oculta. Todas las incertidumbres. Y asimismo los descubrimientos.

Esta búsqueda incesante fue lo primero que me enseñaron las voces que escuchaba. Y para entrar en el camino de este descubrimiento me impulsaron a meditar. Bueno, la verdad es que en aquel entonces para mí meditar era más bien tumbarme en la cama, con música de Enya, incienso y una vela. Los primero que hacíamos las voces y yo era charlar.

Todavía puedo verme acostado en la cama, rodeado por las preciosas e hipnóticas melodías de Enya, sitiado por el humo del incienso que, lento, frágil, casi como si tuviera vida, se movía por la habitación, recreando en la semioscuridad la sensación de estar dentro de un templo gótico, antiguo, bajo las ojivas, entre los vitrales y rosetones. Más allá la vela encendida, con el baile secreto del fuego iluminando una fracción del cuarto, como una metáfora de la misma búsqueda, pues dentro de toda la oscuridad que reina en este tipo de resurgimiento siempre debemos encontrar esa pequeña llama, esa luz, esa energía que nos guía, que quizás somos nosotros mismos, nuestro ser individual, pero también todos los seres de la tierra, la naturaleza y el cosmos.

Ahí estaba, escuchando las voces. Estas, en ocasiones, eran claras y directas, en otros momentos eran difusas y poco comprensibles. También había instantes en que las escuchaba como algo punzante, las sentía adentro, como si se me clavaran en el cuerpo arrastrando todo el dolor del mundo. Podían ser crueles, hirientes, terribles. Lo cierto es que me decían lo que debía oír, no lo que quería o hubiera querido oír. Y lo decían con fuerza y determinación, sin miramiento alguno, sin anestesia, sin miedo a hacerme sufrir.

Este tipo de situaciones pueden llegar a ser muy dolorosas. Escuchar con tanta crudeza y verdad lo que no queremos oír es bastante impactante. No estamos acostumbrados a escuchar lo que no nos gusta. En la sociedad contemporáneo huimos de esto como si de un incendio se tratara. Hoy en día las personas buscan un espacio cómodo e insincero, en donde lo único que pretenden es conservar la propia e inalterable tranquilidad. Descubrir lo que nos atormenta (lo que atormenta a todos los seres humanos, a nuestra condición de seres temporales, inquietos, angustiados y sin respuestas) para la mayoría de las personas es una tarea incómoda, inútil y molesta. Eligen vivir en una forma de autoengaño, sin más.

No es nada fácil asomarnos al fondo de nuestra alma, ver sin máscaras lo que somos, lo que fuimos, lo que podemos ser o no ser. En el ser humano existe toda la potencialidad de todos los seres humanos. Somos capaces de los más bello y lo más terrible. Sin embargo, la mayoría de las personas prefiere alejarse de nuestras verdades, de lo que nos hace y nos forma. Por eso se ponen máscaras sobre máscaras, porque no pueden soportar lo que esconde (o grita, o revela) la condición humana. Estamos aquí, y podemos presumir o adivinar infinitud de motivos por los que estamos aquí, pero las certezas, las verdaderas certezas, son esquivas.

Las sociedades contemporáneas (como por común acuerdo) han decidido vivir en la negación y en la abstracción. No se atreven a asomarse al fondo de sí mismas. Caen en una espiral de silencio en donde todos opinan lo que se debe opinar, todos creen lo que se debe creer, todos sienten y hacen lo que deben hacer o sentir. Rutas preestablecidas para existencias únicas e irrepetibles. Esta actitud, por supuesto, esta superposición de máscaras es mucho más fácil que el riesgo y terror que exige hacernos las verdaderas preguntas. Buscarse a uno mismo es doloroso, es una práctica solitaria, angustiosa y llena de incomprensión. Pero para algunos es el camino, el verdadero y único camino que se debe tomar para darle algún sentido y significado a la experiencia humana. Las artes, la música, la poesía son todas prácticas que tratan de encontrar una respuesta a lo que nos atormenta como humanos. El camino, como decía, puede llegar a ser muy doloroso, pero encontrarse a uno mismo es totalmente gratificante. Y, todavía más, encontrarse dota de sentido y significado la propia vida.

Yo escuchaba las voces y recibía directamente los impactos de lo que decían, sin escudo protector. Me lo decían con saña y sin ningún pudor. Me decían lo que no me gustaba, pero también lo que me gustaba. Lo que me convenía y lo que no. Las personas que eran buenas en mi vida, que me hacían algún bien, y las que, por el contrario, eran tóxicas y dañinas. Estas voces eran claras y concisas al máximo, hasta hacer doler. Lo que más me extrañaba de todo aquello, dentro de ese proceso confuso y de descubrimiento, es que todo lo que decían eran muy coherente. Cuando me decían algo también procuraban darme las razones que sustentaran lo que afirmaban. No hablaban imponiendo nada, u ordenando, más bien aquello era un lento razonamiento que se iba enredando como el tejido de una tela vasta en mi conciencia, hilándose, construyéndose poco a poco hasta formar un mapa más o menos claro sobre lo que debía hacer o cómo debía actuar con respecto a diferentes situaciones. Como he dicho eran precisas, lógicas, directas. Y con el paso del tiempo pude ir comprobando que tenían razón en lo que me decían. No mentían.

Por ejemplo, si en cierto momento me decían que algunas amistades eran tóxicas y dañinas para mí, las palabras no quedaban como frases huecas, antes me impulsaban para que observara detenidamente cómo me trataban y cómo me hablaban esas amistadas. Yo lo hacía y me daba cuenta de que tenían toda la razón del mundo. Este es solamente un ejemplo, pero podría dar cientos.

Por eso, al comprobar la verdad de las voces, y el hecho de que buscaban mi bien, aprendí a hacerles caso. Pero me costó mucho tiempo lograrlo.

Con el paso del tiempo, trabajando mucho en mí, también comprendí que es necesario sentir la propia oscuridad. Es algo que nos debemos permitir. Nuestra oscuridad tiene innumerables cosas que decirnos: susurros de un mudo interior, traumas ocultos, búsquedas, descubrimientos. La verdad es que tenemos mucho que aprender de nuestra oscuridad. Y lo más importante, lo fundamental para acercarnos a ella, es dejándola estar tal cual es, no juzgarla. Debemos escucharla a pesar de que en ocasiones sea francamente doloroso. Quizás el primer día que entremos en contacto con nuestra oscuridad (nuestra parte oculta, secreta, dolorosa, escondida) sentiremos unas ganas tremendas de llorar. Es probable que también el segundo día, el tercero, el cuarto, el quinto… Pero poco a poco, en la medida que sigamos trabajando en nosotros mismos, con empeño y dedicación, irá doliendo menos. Y al conocer tu oscuridad, al conocerte a ti mismo, lentamente te podrás ir liberando de la presión. Y es entonces, en ese preciso momento, que te parecerá un paraíso todo el amor que tengas en tu vida.

¡Debes permitirte conocer tu oscuridad!

En los momentos de tristeza, por ejemplo, lo mejor que puedes hacer es no hablar, mantenerte callado, dentro de la tristeza, presente en ella como si fuera un mar inquieto o sosegado, es igual. Al hacer esto vivirás tu tristeza cabalmente y en consecuencia dejarás que tu alma en estado puro se exprese. Puedo asegurar, sin temor a equivocarme, que se puede sentir dolor sin sufrir. Todo este proceso no es más que un aprendizaje. Es similar a ir quitando las capas a una cebolla, una a una, lentamente, para llegar hasta el corazón blanco, invencible y auténtico de nosotros mismos.

Debemos dar un paso a la vez. Adelante, sin desfallecer. No digo que el proceso sea fácil, pero sí es necesario. Nunca debemos perder de vista que no hay nada afuera de nosotros, todos vivimos nuestro dolor con matices y tonos particulares. Y nadie, absolutamente nadie, es culpable de lo que sentimos o vivimos.

Todo esto lo he ido aprendiendo lentamente. En aquel momento tan difícil de mi vida no lo podía saber con las palabras con que ahora lo expreso. Este no es más que un análisis retrospectivo de todo aquello que estaba viviendo y por lo que estaba luchando. Pero, sí puedo decir, que ya desde ese momento existía la intuición de la búsqueda, el deseo por desenmascarar la verdad, el arrojo y necesidad para llegar a lo profundo del alma humana, pues todos, en el fondo, en aquel vacío que nos une, somos lo mismo, la misma energía, el idéntico impulso.

El tiempo pasó lentamente. Y poco a poco, al ver que yo mejoraba y que iba recuperando la fuerza perdida, empecé a pensar en que esta no era una enfermedad normal, sentía como si hubiera una razón poderosa detrás de todo lo que había sufrido. Por estos motivos fui aferrándome al mundo esotérico. Me fui interesando cada vez más en las cartas del tarot, el reiki, leyendo una y otra vez libros del *New Age*. Pero en nada de esto encontré respuestas convincentes hasta un tiempo más tarde.

Yo seguí trabajando en mí mismo, sin desfallecer, sin cansancio. Y tras mucho esfuerzo y determinación empecé a desarrollar la intuición, a sentir la energía fluir por mis manos.

Era capaz de hablar con la energía. Para mí Dios es uno de los nombres que le damos a la energía. Sin duda es el nombre más conocido. Y hablar con Dios es mucho más fácil de lo que pensamos. Esta energía la mayoría de las veces habla a través de señales. Doy algunos ejemplos para explicarme mejor.

En una ocasión estaba yo de paseo con unas amigas. No sé explicarme el por qué, pero de repente empecé a tener una sensación extraña. Luego vimos a tres perros inofensivos que nos ladraban sin parar. Era como si nos quisieran avisar de algo, pero no les prestamos atención. De improviso, un poco más adelante, aparecieron dos grandes pastores alemanes, nos ladraban, agresivos, ariscos, belicosos. Fue un encuentro aterrador. Pero los dos pastores alemanes no llegaron a atacarnos. Afortunadamente no nos pasó nada. Eran dos perros que se habían escapado de una casa. Un poco después de aquello comprendí que los primeros perros nos estaban avisando para que nos desviáramos de nuestro camino habitual y así evitar aquel peligro. Pero no lo hicimos. Es decir, hicimos caso omiso a eso que la energía nos sugería. La energía nos había hablado, nos había indicado otro camino, pero la ignoramos. Este es un ejemplo sencillo, incluso cotidiano y hasta banal, pero no deja de ser una de las maneras más básicas de entender lo que sucede alrededor, cómo la fuerza tremenda que expulsaban esos perros nos decía que debíamos desviarnos. La energía nos había hablado.

También suele hablar a través de impulsos. Esto que voy a contar sucedió un poco antes, cuando estaba en el instituto. Recuerdo que uno de los primeros días, sin saber en dónde era la clase que debía tomar, me acerqué a una chica para preguntárselo. Fue un impulso natural, pero muy bien dirigido. Crucé dos palabras con ella y a partir de ese momento se convirtió en un amor platónico.

Y fue así durante bastante tiempo. Ese impulso energético me permitió conocerla, acercarme a ella y admirarla.

En otras ocasiones la energía habla con pensamientos sueltos, como si estos sobresalieran sobre los otros. En estos casos pueden llegar a advertirnos hasta de ciertos peligros.

También la energía, para protegernos o guiarnos, puede modificar el ritmo de nuestras rutinas. Por ejemplo, quién no ha escuchado de esas personas que un día específico se quedan dormidos más de la cuenta, no llegan al autobús y luego descubren que hubo un accidente. La energía nos protegió. Asimismo, puede suceder que al cambiar el ritmo habitual cruces en una calle que no conoces, entres en un bar al que nunca habías entrado, como si realmente la energía nos guiara, para ahí adentro vivir algo que debíamos vivir, encontrarnos con un amigo que no veíamos desde hace mucho tiempo o conocer un gran amor.

La energía tiene muchas formas de expresarse. Es muy normal que te hable a través de una persona. Por ejemplo, un familiar o un amigo te aconsejan una academia, un viaje, un trabajo y resulta que gracias a ello descubres algo que marca y cambia tu vida para bien de manera permanente.

Es también posible que te ponga contra las cuerdas si debes enfrentarte a algo. Te lo mostrará de frente. Y puede llegar a ser doloroso.

Lo fundamental en todo esto es que debemos ser perceptivos; pero, al mismo tiempo, sin obsesionarnos al respecto, seguros de lo que escuchamos y sentimos.

Esta era la energía que yo sentía fluir por mis manos.

Como por entonces no estaba trabajando decidí aprovechar todo lo que estaba aprendiendo, todo eso que estaba desarrollando en soledad, y busqué un empleo en un 806 de tarot. Consiste en un método de videncia telefónica muy económica, en donde personas con este tipo de sensibilidad ofrecen sus servicios a individuos que quieren conocer algo acerca de su pasado, presente o futuro. Empecé a trabajar en esto. Pero la verdad es que duré muy poco, solamente dos fines de semana. Sin embargo, este no fue un tiempo perdido, pues me ayudó a encontrar respuestas que en ese momento estaba buscando.

Sucedió de la siguiente forma. En el último día que trabajé en el 806 de tarot me presentaron a un hombre. Era alto, delgado, con unos lentecitos circulares y las facciones bien marcadas bajo una barba de dos días. Aquel día solamente le vi por un minuto. Hablamos un poco y al cabo de esto nos separamos. Sin embargo, una semana después de este encuentro recibí un mensaje en mi teléfono móvil. Era el mismo hombre que había encontrado. Se presentó brevemente y luego me dijo que era importante que nos reuniéramos para hablar. Aquello me pareció un poco extraño y le pregunté sobre qué quería hablar conmigo.
—No sé exactamente sobre qué -me contestó-, pero debo darte un mensaje importante: solamente debes hacer caso a las voces que te hablan al oído.

No recuerdo qué contesté en ese momento. Pero aquello me había impresionado. Para mí aquel simple mensaje supuso un shock tremendo. ¿Quién era ese hombre? ¿Cómo sabía él sobre las voces? ¿Qué cosas me iba a decir? ¿Qué podía descubrir si me reunía con él? No podría responderme ninguna de estas preguntas al menos que accediera a verlo. Algo me decía que si aquel hombre sabía sobre mis voces también sería capaz de darme algunas respuestas sobre lo que me estaba pasando. ¡Por fin respuestas!, me dije en un arrebato de alegría. Esta era mi esperanza, mi determinación, encontrar algunas respuestas. Y por una razón secreta sentía que las recibiría de aquel hombre que conocí en el 806 de tarot. No me equivocaba.

Capítulo 6
ALGUNAS RESPUESTAS

Era verano. El calor se había instalado en Madrid y los alrededores. No había manera de huir a las inclemencias del clima. En los meses de mayor temperatura esta parte del mundo parece un verdadero desierto. Un paisaje en donde lo único que se mueve, en la distancia, son nubes de polvo. Detrás, el horizonte color cuero. Ni los pájaros tiene ganas de volar. El agua se evapora al entrar en contacto con el suelo. El sudor es el compañero fiel de todos los días.

Cuando quedé con el hombre que conocí en el 806 de tarot hacía realmente mucho calor. Quedé con él cerca de mi casa. Su nombre es Rodolfo. Me había dicho que iría a buscarme en coche. Yo esperaba en la esquina acordada con él. El sol era tremendo. Hacia tanto calor que veía cómo bajo mis pies se iban formando pequeñas gotas de sudor que al poco de caer desaparecían. Sin embargo, no esperé demasiado tiempo. Al poco tiempo, vi el auto que me había descrito aquel hombre. Rodolfo no venía solo, lo acompañaba su mujer, Almudena.

Honestamente yo no sabía qué pensar. Subí en aquel coche aterrorizado, invadido por el miedo. No conocía a esas personas absolutamente para nada. Al subirme, me di cuenta de que ni siquiera recordaba bien la cara de Rodolfo (había hablado poco segundos con él). Llevaba los mismos lentes circulares, sí, era el mismo hombre flaco, con las facciones bien marcadas, pero ahora estaba perfectamente afeitado. La memoria puede llegar a ser engañosa. Y la verdad es que, durante los días que me había comunicado con él a través del teléfono, había construido en mi imaginación una figura que no correspondía exactamente con la que tenía frente a mí. De cierta manera la había reinventado, recreado.

Rodolfo empezó a manejar, al parecer sin un rumbo fijo y poco después de estar los tres juntos en ese coche me preguntó:
—¿Qué es lo que te está sucediendo? Puedes decírnoslo. Yo, por supuesto, un poco sorprendido por esa pregunta tan directa, le conté acerca de mi historia y todo lo que había vivido, pero se lo dije bastante por encima, sin entrar en demasiados detalles. No los conocía, repito, y no tenía ninguna confianza con ellos.

Rodolfo, al escuchar mi historia, me dijo que mi enfermedad era producto de ciertas situaciones por las que había pasado. Y luego me aseguró que yo tenía la habilidad de mantener las puertas abiertas y entrar en contacto con seres de otros planos. Según me explicó, estos seres me ayudarían a sanar. Él los llamó, sin dudar, sin vacilar ni un instante, guías espirituales. ¡Así que era eso! ¡Yo estaba en camino de encontrar a mis guías! Entre otras cosas, Rodolfo, a medida que seguía manejando el coche a través de aquellas calles de las afueras de Madrid, me dijo que él y su mujer también habían encontrado a sus guías espirituales. Y fue más lejos, me aseguró que hablaban con ellos, pero que su proceso de descubrimiento y cercanía no había sido traumático como el mío. Ambos, tanto Rodolfo como su mujer, habían encontrado a los guías espirituales de una manera suave y armoniosa.

Continuamos conversando acerca de esto y sobre situaciones del pasado. Me sorprendió mucho escuchar que, según Rodolfo, las personas que yo había encontrado en el centro comercial cuando viví aquel rugido de la mente, en ese momento en que me sentí desaparecer en el vacío más absoluto, eran también guías que habían traspasado el plano en donde se encontraban y vinieron hasta aquí para buscarme y ayudarme a sanar.

No obstante, Rodolfo y su mujer estaban bastante sorprendidos con mi caso. Por una parte, entendían que aquel encuentro obedecía al traspaso de seres entre planos. Pero, por otro lado, se extrañaban de la trasmutación de los guías, pues, según me aseguraron, los guías rara vez hacen esto, generalmente se mantienen en su propio plano y desde ese lugar nos ayudan. No fue la del centro comercial la primera vez que algo similar me había sucedido. Y estas revelaciones le darían mayor hondura y verdad a lo que viviría.

A Rodolfo y Almudena los vi tres o cuatro veces más y nuestras conversaciones siempre giraron alrededor de los mismos descubrimientos. Siempre abordábamos el tema de nuestros guías espirituales. Ellos, a su vez, me presentaron a un matrimonio, Carmen y Francisco, que también estaban en estrecho contacto con los otros planos. Ellos hablaban con sus guías y Carmen incluso era capaz de canalizarse, aunque inconscientemente, con ellos. Es decir, el guía entraba en su cuerpo y Carmen dejaba de ser Carmen para convertirse en el ser que llegaba a ella desde el otro plano. Era un espectáculo maravilloso. Ver esto era realmente asombroso. Cuando se transformaba en el guía, Carmen cambiaba su postura, la forma de moverse, de hablar, y decía cosas que nadie conocía o era capaz de conocer. Las palabras eran códigos difíciles de descifrar, pero al mismo tiempo estaban ahí, girando alrededor, penetrando este mundo desde el otro plano, con una energía nueva y diferente, ajena a nuestra realidad.

Estas parejas que apenas empezaba a conocer me invitaron una vez a una misa espiritual. Era una misa que nada tiene que ver con las ceremonias tradicionales de la religión católica. Era, en realidad, un encuentro en donde se trataba de profundizar en la energía, en donde se meditaba para entrar en contacto con los seres que nos protegen y nos guían.

Durante esta reunión aprendí muchas cosas acerca de mis guías espirituales. Durante la misa, sumergido en la energía, atento a las emociones, en búsqueda constante y activa de los secretos, pude ver mentalmente a mi guía. La vi con tanta claridad y realidad que incluso soy capaz de describirla. Es alta, viste una falda amplia y grande y lleva en el cuello un montón de collares con runas y huesos. Siempre está rodeada por un halo de luz. En ese momento me dijo (también mentalmente) su nombre: Esmeralda.
—Esmeralda, mi guía se llama Esmeralda —balbuceé en aquel encuentro junto a mis compañeros.

A partir de ese momento todo lo referente a la comunicación con otros planos fue mucho más sencillo. Lo que Rodolfo, Almudena, Carmen y Francisco me habían explicado en estas reuniones de cierta manera quitó un velo de incomprensión en mi conciencia. Desde ese momento comprendí que existen diferentes planos y estados desde donde los seres espirituales nos guían. Esta verdad me facilitó muchas cosas y me hizo mucho más sencillo desenmascarar los misterios que me rodeaban.

Gracias a estos encuentros, además, supe innumerables cuestiones acerca de mis guías y acerca de mí mismo. Pude saber, por ejemplo, que Esmeralda pertenece a una antigua estirpe vikinga. También conocí a mi padre espiritual. Él se me presentó con el nombre de Cristian. Y, según pude saber, fue alguien tremendamente importante en su época.

Todo esto que estaba viviendo, descubriendo, no era sino un paso más dentro de ese rehacerme que expliqué más arriba. Todo era nuevo. Había muchas informaciones de difícil explicación dentro de este mundo racional, pero no por ello dejaban de ser ciertas para mí. Lo que estaba experimentando me ayudaba y me permitía conocerme, y esto era suficiente para orientar la búsqueda que estaba viviendo en ese momento. Sin embargo, al poco tiempo me separé de Rodolfo, Almudena y su grupo. Tomé esa decisión porque ellos se orientaban mucho en la magia del mundo africano y no en el budismo oriental, que era un mundo que concordaba mucho más con lo que yo buscaba y entendía dentro de estos ámbitos. Desde entonces seguí por mi cuenta, con mi mundo espiritual, meditando y buscándome.

Con el paso de los años, lentamente, con aciertos y errores, fui rehaciéndome, descubriéndome, avanzando. ¡Mucho más que en toda mi vida anterior! ¡Mucho más de lo que hubiera podido llegar a imaginar al inicio de la búsqueda!

Ya he explicado varias veces que, antes de convertirme en lo que soy hoy en día, yo era una persona sin autoestima, sin ganas de vivir, sin nada positivo dentro de mi cotidianidad. Pues bien, a partir de mi búsqueda íntima y personal poco a poco fui obteniendo y ganando todo eso que me faltaba: autoestima, me di valor a mí mismo, me llené de ganas de hacer cosas, de vivir, de experimentar, de crear.

Dicho esto, también es cierto que la energía me impulsaba a hacer ciertas cosas que yo mismo no comprendía Por ejemplo, antes del proceso que he descrito, a mí nunca se me había pasado por la cabeza pensar que era capaz de escribir, de encadenar palabras, versos y oraciones sobre una hoja de papel o en el ordenador. Y cuando digo nunca, es nunca. No había nada más ajeno a mi vida que este tipo de expresiones tan íntimas y secretas que con símbolos, metáforas y palabras desnudan el alma y muestran los más profundo y hermoso de nosotros mismos.

¿Por qué no podía escribir? ¿Por qué nunca se me había pensado por la mente? Pues porque mi autoestima siempre estuvo por los suelos. Nunca hasta mi reconversión me sentí valioso. Por eso pensaba que cualquier cosa que pudiera decir o explorar dentro de mí mismo era indigno de ser contando. Además, nunca se me habría ocurrido pensar que esas palabras estarían revestidas de belleza, ritmo, armonía y profundidad. En fin, yo, para mí mismo, antes de lo que he contado, me veía como poco menos que nada, un cero a la izquierda. Para mí, el hecho de que yo fuera capaz de escribir era prácticamente un chiste. Pero poco a poco eso cambió, como tantas otras cosas en mi vida.

Uno de los aspectos más insistentes de la energía era el referente con las amistades. Como ya he dicho, yo estaba convencido de que mis amigos eran buenos. Nunca, en ningún momento de mi existencia, se me había pasado por la mente que debía cambiar de amistades y que eso sería un paso positivo y bueno para mí. Pero, como también he dicho en varias oportunidades, la energía era directa y rotunda. En consecuencia, me hizo entender que mis viejas amistades no me hacían ningún bien.

—Obsérvalos -me decía-. Mira cómo te tratan. Obsérvalos…

Yo lo hacía y me quedaba maravillado por toda la verdad que contenían unas palabras tan simples. Ahora veía con claridad. Era cierto lo que la energía afirmaba.

Otra de las actividades fundamentales en mi vida es el canto. Como con la escritura, nunca había pensado, ni siquiera remotamente, que sería capaz de cantar como lo hago hoy. Una idea semejante estaba demasiado lejos de mi realidad como para considerarla posible. Lo cierto es que desde temprana edad he estado en contacto con la música. En mi instituto era una de las asignaturas que se impartía. Pero me iba muy mal en este ámbito cuando iba al colegio. Para mí las notas, el ritmo, el tempo, las melodías, la cadencia, el sonido, todo esto era un mundo desconocido y ajeno, un lenguaje indescifrable para ingresar en el cual me sentía incapacitado. Yo era, sin exageración, el peor de mis compañeros en la asignatura de música. ¡No daba una! Las notas se escurrían, el tempo de la canción saltaba por los aires.

Mi voz y mi ritmo no se adecuaban nunca a lo que exigía la música. No obstante, a mí me apasionaba esta expresión artística. Y me sigue apasionando, por supuesto. Ya desde muy niño escuchaba todo tipo de géneros: jazz, blues, funky, reguetón. Mis gustos eran y son muy variados. Escucho de todo. Soy un Spotify humano. Aunque siempre busco en las canciones letras hermosas, tonos y melodías con profundidad, pasionales, canciones que, en definitiva, digan algo. La música moderna en mi opinión (pienso en el reguetón) es muy vacía, soez, sin ninguna profundidad. Hay canciones de este género que escucho. Pero no puedo entender cómo en otras se denigra a la mujer de una manera tan baja, ni como se dice tan poco y de forma tan ridícula y fea. Prefiero dedicar mi tiempo a otro tipo de música, como, por ejemplo: Vanesa Martín, María Carey, Adele, Norah Jones, Justin Timberlake, Dani Fernández, Abraham Mateo. Escucho música sin parar. Cuando ahora alguien me pregunta si escuché una canción mi respuesta es sí, siempre estoy un paso adelante, lo escucho absolutamente todo.

Como decía, la música me apasionaba desde muy joven, pero veía francamente lejos la posibilidad de dedicarme a ella y estudiarla. Entre una cosa y la otra se abre un verdadero abismo. Considero que la música es un lenguaje apasionante, que puede ser entendido y apreciado por todos los habitantes del planeta, sin embargo, no todos son capaces de crearla. Como cualquier arte, necesita de un talento especial, mucha dedicación y mucho trabajo. Por eso, para mí se abría un oscuro hueco, un inmenso abismo entre el gusto y placer de escuchar música y el hecho de componerla. Un abismo que no me creía capaz de cruzar. Pero la vida es misteriosa. Y eso que creíamos imposible o que estaba lejos de nuestras capacidades, de la noche a la mañana se convierte en una hermosa realidad, hasta tal punto que puedo decir que hoy en día me gano la vida con ello.

Empecé a estudiar canto hace ya más de diez años. En los primeros días yo seguía siendo una persona extremadamente tímida, asocial, huraña, sin fuerza, sin personalidad, sin voz ni autoestima, arrastrado por los otros, por la energía y decisiones de los otros. Para ser completamente honesto la idea de dedicarme al canto no surgió de mí, surgió desde la energía. Fue una sugerencia de las voces, de los llamados ángeles que cuidan de cada paso que doy, los que me han salvado y guiado en tantas cosas a lo largo de mi vida.

Como he ido explicando, poco a poco yo había ido desarrollando una sensibilidad especial para percibir y recibir la energía. No solamente las reuniones con Rodolfo y sus compañeros, me refiero a aquellas misas espirituales, me habían ayudado; también había dado importantes pasos con mi búsqueda interna y personal, con las meditaciones, con la introspección, con aquel *rehacerme* que expliqué con profundidad y detalle en el capítulo anterior. Yo estaba en contacto con la energía, con esa sensibilidad, con la intuición. Recibía toda clase de mensajes. Y, de cierta manera yo mismo era esos mensajes que iba recibiendo, al tiempo que iba poniendo en práctica lo que escuchaba.

La magia se había convertido en una parte capital de mi existencia, en un centro alrededor del que giraba todo lo demás. Cosas increíbles que escribiré un poco más adelante me estaban sucediendo casi cotidianamente. Por eso para mí no fue nada extraño, de hecho, me pareció algo natural, cuando empecé a percibir que las voces me insistían una y otra vez para que me apuntara en clases de canto.

La verdad es que yo era renuente al inicio. No daba mucho crédito o importancia a lo que decían. Como acabo de explicar, para mí existía un abismo que creía infranqueable entre el placer por escuchar música y la capacidad para estudiarla. Pero las voces siguieron insistiendo, sin tregua, una y otra vez.

—Ingresa en clases de canto… Debes ingresar en clases de canto… Haznos caso, ingresa en clases de canto… Pero, ante tal insistencia, las respuestas que yo me daba eran del tipo:

—¿Yo? ¿Clases de canto? ¿Pero estáis locos?

La música y el canto era una de mis vocaciones secretas, oculta, una de las más vivas que habitaban en mí. Pero lo cierto es que todo mi entorno me echaba por tierra este objetivo, e incluso yo era de la misma opinión. Me decía:

—Pero si no sé ni hablar, ni tampoco vocalizo bien, cómo voy a ser capaz de cantar… No, no puede ser.

Mi autoestima en ese momento, como se comprenderá, estaba por los suelos. Pero las voces fueron tan insistentes (no me daban un instante de tregua sobre lo mismo una y otra vez) que finalmente tuve que acceder e ingresé a las clases de canto.

La verdad es que en las primeras clases no me fue nada bien. Era demasiado tímido e introspectivo. La primera profesora que tuve me infravaloraba, no tuve nada de suerte con ella. Pero al poco tiempo cambié de profesor y aquello fue un total acierto. Con este me fue muy bien. Se llama Vladimir y tuvo muchísima paciencia conmigo, aprendí bastante con él e hice avances de los que no me creía capaz, avances realmente increíbles.

Las voces, como en tantos otros momentos de mi vida, no se habían equivocado tampoco esta vez. La mejoría en mi capacidad para cantar fue tal que, al final del curso, durante un concierto que dimos, Vladimir, con mucho cariño, me dijo:

—La verdad es que me has sorprendido mucho. Empezaste siendo mi peor alumno y has terminado siendo el mejor. ¡Mira todo lo que has avanzado y mejorado!

Aquel concierto fue un verdadero éxito. Canté *Sal*, de Pedro Javier Hermosillo, y mi interpretación fue realmente muy aplaudida y vitoreada. Fue una experiencia inolvidable, increíble, grandiosa.

Hoy en día puedo decir que he compuesto varias canciones. He trabajado con productores que me han ayudado a componer melodías. Pero también he aprendido a producir independientemente mis propios temas. Llevo tocando el piano tres años y mi nivel es intermedio-alto. Además, he dado clases de canto durante siete años. Conozco dos técnicas: una es la que trabaja la voz con el diafragma (la más conocida); la otra es una técnica japonesa que aprendí de una profesora que me impartió clases durante un tiempo. Esta técnica consiste en sacar la voz directamente de las emociones, de la pelvis, y no del diafragma. En mis lecciones enseño y aplico ambos métodos de canto. Tengo dos alumnas con quienes trabajo los fines de semana.

Digo todo esto para que quede claro que hoy en día no concibo una vida sin música, y mucho menos una vida sin cantar. Esta fue una de las mejores decisiones que he tomado. Y, como expliqué, en realidad fue impulsada por la magia y la energía que gira alrededor de todos nosotros.

Capítulo 7
LOS HECHOS INEXPLICABLES

Por momentos escuchaba voces negativas, pero también muchas otras positivas. No comprendía por qué esto era así. Poco a poco, sin embargo, las negativas fueron disminuyendo, haciéndose cada vez más pequeñas e insignificantes y quedaron solamente las positivas. Esto sucedió en cámara lenta. Y con el paso del tiempo comprobé (y cada vez lo reafirmé con más fuerza) que yo estaba siendo protegido por estas voces, que algo o alguien me cuidaba.

La energía es magia, algo especial, único, místico, potente, innegable. La energía es todo lo bueno de la vida y todo en lo que creo en la vida. Es, al mismo tiempo, madre y padre, generador, guía, ángel protector, origen y final. Ella mueve el mundo, de principio a fin. Ella, en definitiva, lo es absolutamente todo. Y así como lo entrega todo, también es la que permite y hace posible que te conviertas en tu mejor versión, en lo mejor que puedes llegar a ser, pero sin intermediación del ego. Pues como es al mismo tiempo todo, una y otra cosa, te eleva, pero también te pone los pies sobre la tierra. Te muestra el mundo tal cual es. Te entrega comprensión y así desarrollas un potente abanico de sentimientos positivos: bondad, compasión, empatía. Y sin dejar de ser todo lo anterior también es la fuerza, el punto firme sobre el cual nos podemos apoyar en el día a día. Genera una sana autoestima. Es la psicóloga de la vida.

Como he explicado ya en varias oportunidades si la energía te dice que no vayas por un sitio es porque realmente no debes ir por ahí. Debemos estar atentos a la energía, concebirla como compañera de acción y guía. Si no le hacemos caso podemos desviarnos del camino y puede llegar a ocurrir lo que no queremos que ocurra. La energía pone pruebas, pero al mismo tiempo es justa, clara, diáfana, directa. Y no bromea. Es certera al cien por ciento. Nunca miente, al menos que deba ocultar alguna información para nuestro bien. Pero también puede llegar a ser cruel si está haciendo algo positivo por nosotros, por más que en el momento no lo comprendamos.

La energía lo sabe todo porque es el universo en esencia.

Cuento todo esto acerca de la energía para que se comprenda cabalmente lo que voy a relatar ahora, una serie de hechos de difícil explicación, hechos que sin lo que he dicho sobre la energía serían mucho más difíciles de asimilar. Y es que esta fuerza me ha guiado y protegido en diferentes momentos de mi vida. E incluso ha intervenido para evitarme accidentes.

Uno de los primeros hechos de este tipo que experimenté fue esperando un autobús. Un hecho tan cotidiano como este se revelaría como un episodio extraordinario. Era a mediados de la primavera. Todavía hacía un poco de frío, pero no demasiado. Yo estaba con un antiguo compañero del instituto. Hablábamos sobre cosas sin importancia. El autobús se demoraba en llegar. Era al final de la tarde y queríamos irnos a casa. Pero el autobús no aparecía al final de la calle. Otras personas esperaban con nosotros y nada dentro de ese momento salía de la más estricta cotidianidad. Finalmente, después de esperar un buen rato, el autobús apareció. Subimos y entonces empezaron para mí las primeras señales de peligro.

No sé explicarme el por qué, pero al subir al autobús empecé a sentir miedo, un miedo sin asidero, total, inexplicable. Algo iba a pasar, lo sentía, lo creía. (Ahora sé que era la energía protegiéndome, pero en ese momento lo ignoraba). Un instante después las voces me susurraron con total claridad al oído:

—No tengas miedo. Si haces todo lo que te decimos vas a estar bien. Pero debes hacernos caso. No tengas miedo.

Yo seguí caminando por el pasillo del autobús, junto al compañero del instituto, cada vez con más miedo y sin saber en dónde meterme. En ese momento, casi en la mitad del pasillo, las voces me dijeron con precisión:

—Siéntate del lado izquierdo del autobús. Si haces esto no te pasará nada. Del lado izquierdo. No del derecho. Hazlo. No temas.

Me senté en el lado izquierdo, sin entender, asaeteado por el miedo que cada vez crecía más en mi interior y que sinceramente no sabía desde dónde venía ni por qué me atormentaba. No comprendía nada, pero le hice caso a la energía, sin cuestionar lo que me decía.

El autobús arrancó, aceleró y se sumergió en las calles. La ciudad pasaba a ambos lados de los grandes cristales y algo, no sabía explicarme qué, iba a pasar. Esto era lo que el miedo me sugería. Lo que las voces, al pedirme que me sentara del lado izquierdo, también sabían. No recuerdo si mi compañero del instituto me hablaba en ese momento. No recuerdo nada aparte de lo que pasaba a mi alrededor. Todos mis sentidos estaban en la velocidad del autobús, en el movimiento, en el miedo que no disminuía en la medida que pasaban los segundos.

Entonces todo sucedió. Fue un instante. Un momento rápido, decidido, brutal. No habían pasado ni siquiera cinco minutos de viaje cuando el autobús golpeó por el lado derecho contra un camión. El sonido fue espantoso, un crujido, un chillido de metales. Los cristales saltaron por los aires. Todo esto se mezcló con los gritos de las personas que estábamos dentro del autobús. Los pasajeros que viajaban del lado derecho se vieron bañados por los cristales rotos. Una chica que estaba sentada cerca de mí sufrió una profunda herida. Otro chico, un poco más adelante, estuvo a punto de morir cuando enormes trozos de cristal casi le caen encima. Afortunadamente este chico reaccionó rápido y pudo evitar los afilados pedazos de vidrio.

Pero lo reamente increíble de esta historia es que a mí no me pasó absolutamente nada. No me pasó nada porque me senté del lado izquierdo del autobús. ¡Y lo hice porque cinco minutos antes las voces, la energía, el susurro que me protege, me había dicho que así lo hiciera! No lo podía creer. ¿Cómo es que la energía había previsto todo eso? Estaba asombrado y al mismo tiempo agradecido. Después del accidente descendimos del autobús y el miedo desapareció.

Conté a mis familiares lo sucedido, pero no me creyeron. También se lo conté a algunos amigos, pero más de los mismo. Todos decían que era una casualidad, un azar, algo sin importancia. Se mostraban contentos de que yo estuviera bien, pero ninguno aceptaba que había salido de la situación indemne porque la energía me había guiado y protegido. No les insistí demasiado. Para mí estaba bastante claro que una fuerza secreta había intervenido para ayudarme. No era solamente el hecho de que me dijeran explícitamente que me sentara del lado izquierdo del autobús. También estaba el miedo injustificado e irreal que había empezado a sentir poco antes de subirme y que había ido *in crescendo* en la medida que caminaba por el pasillo. Las voces habían sido claras. Tengo una protección, me dije. La energía sabe que existo. Me aprecia. Quiere mi bien. Me protege.

A las personas por lo general se les hace difícil creer en este tipo de cuestiones. Ellos viven demasiado sumergidos en el mundo material y fáctico y encuentran una respuesta "racional" (y entrecomillo la palabra racional) para absolutamente todo. Es una casualidad, un azar, quizás no fue así como pasó, quien sabe, no creo. Estas son las típicas frases que lanzan cuando se niegan a creer o cuando están incapacitados para sentir y para creer.

Si el episodio del autobús hubiera sido el único de este tipo en experimentar durante mi vida, quizás con el paso del tiempo me hubiera dejado convencer de que aquello había sido una casualidad. Pero muchos otros hechos inexplicables me sucedieron. Y lentamente comprobé y reconfirmé que la protección de la energía era real.

El siguiente hecho inexplicable que voy a contar sucedió en un apartamento de Madrid en donde vivía. Por diferentes motivos me llevaba realmente mal con mis vecinos. Yo estaba en segundo de bachillerato. Éramos adolescentes y estos vecinos podían llegar a ser muy crueles. Aquello no llegaba al maltrato físico, sobre todo me insultaban, pero lo cierto es que yo la pasaba muy mal. Casi siempre se reunían en la calle de mi casa. Yo los veía por la ventana, angustiado, y llegaba hasta el punto de no querer salir de casa si ellos estaban cerca. Temía por mi integridad física y, por supuesto, los insultos tampoco eran nada agradables de escuchar.

Mi apartamento era en bajo. A veces debía salir para, por ejemplo, ir al instituto. Pero aquellos vecinos no tenían noticias sobre mis horarios y de haberlas tenido seguramente no hubieran hecho nada para cambiar sus habitudes. ¿Qué iban a hacer? Ellos eran crueles, se reunían ahí, en la calle y, si me veían salir, me insultaban. Para ellos yo no era más que eso, un chico al que molestar. Como era extremadamente tímido, sin voz, sin fuerza y sin autoestima, aquellos vecinos para mí representaban un muro infranqueable y lleno de peligros.

Una tarde que yo debía ir al instituto ellos se demoraban en abandonar la calle fuera de mi casa. Pero yo tenía que salir, debía salir. Me estaba impacientando. La situación era angustiante. Los nervios me comían. Realmente no sabía qué hacer. ¿Cómo podía salir sin que me vieran? ¿Cómo evitar las vejaciones y maltratos? ¿Qué hacer para que se fueran de una buena vez? Estaba en esto, lleno de preguntas, carcomiéndome la cabeza, cuando los guías, sin previo aviso, me dijeron que no tuviera miedo, que saliera de casa, que ellos me apoyarían y me defenderían de cualquier peligro. Realmente aquello sonaba a broma. ¿Debía creerlo?

Los dos mundos, el tangible y el intangible, se mezclaron en ese momento. Por un lado, estaban los chicos agresivos, aquellos vecinos que podían dañarme, insultarme, golpearme. Por el otro lado estaba la energía, intangible, invisible, cabal, total, que me decía que me protegería de cualquier peligro que pudiera suceder. Esos dos mundos, en apariencia irreconciliables, estaban ahí, en pugna, dialogando, midiendo las fuerzas. Sí, aquello realmente sonaba a broma, pero yo confié. Confié en la energía, en la verdad oculta, en la posibilidad inmaterial de los guías.

Salí del apartamento. No sabía qué esperar ni qué podría suceder. No había terminado de poner los pies en la acera cuando aquellos chicos empezaron a insultarme. Los sentía más agresivos que nunca. Eran denigrantes, groseros, terribles. Yo seguí caminando, rápidamente, al tiempo que iba haciéndome pequeño, deseando con cada paso que daba en convertirme invisible. En ese momento, para mis adentros, empecé a lanzar gritos desgarrados, urgentes.

—¡Protegedme! ¡Defendedme! —decía una y otra vez, sin saber en dónde meterme, sin saber hacia dónde huir.

Seguí caminando, con prisa, aherrojado por el cerco de crueles insultos y risas. Llegué a la esquina, y no había terminado de cruzar cuando me llegó una poderosa imagen mental. Era algo terrible, elocuente, total. La imagen era la de una cabeza endemoniada, ingrávida, agresiva, que venía hacia mí a toda velocidad. No hubo momento de reacción. Fue verla y sentir cómo me traspasaba. Literalmente cruzó por mi cuerpo y continuó calle abajo, hacia los vecinos que todavía seguían insultándome.

Me detuve a ver qué iba a pasar. Y lo que sucedió fue increíble. Intempestivamente, de la nada, cada uno de los chicos del grupo se fue callando, uno a uno, como si una ola de mudez los cubriera. Eran seis o siete chavales y, sin excepción, todos dejaron de insultarme luego de que la imagen de la cabeza endemoniada me traspasara y siguiera hasta el lugar en donde ellos estaban. Yo no podía creerlo. ¿Qué había sido? ¿Qué había pasado? ¿Qué había hecho?

Al cruzar en la esquina a mis espaldas no dejaba sino un profundo silencio. Y pude notar (o sentir, no lo sé explicar de otra manera) que entre aquellos chicos quedaba una presencia no humana. No sé exactamente qué les dijo esa presencia. Ni siquiera puedo saber si les dijo algo. Pero yo seguí mi camino al instituto aquella tarde completamente feliz. ¡Estaba pletórico!

Sospecho que aquello que había pasado dejó un terrible sabor de boca a mis "enemigos". Pero a mí no me importó, estaba contento de haber podido sortear aquella situación y de sentir y confirmar que una energía secreta me protegía. Pero lo más increíble de todo aquello fue que a partir de aquel día mis vecinos no volvieron a molestarme. No hubo más insultos, ni groserías, ni ataques. Desde entonces dejé de temer que me pudieran hacer algo. ¡Aquello era impresionante! Al poco tiempo me mudé de aquel apartamento; pero nunca olvidé ni olvidaré la protección que sentí, y el convencimiento de que esa fuerza secreta está presente siempre. La energía me había defendido. Era muy claro. No existía otra posibilidad.

Aquella no fue la última vez que viví un hecho semejante. Estos sucesos inexplicables me seguían y reconfirmaban una y otra vez lo mismo. La más reciente fue quizás la más peligrosa.

Actualmente vivo en un chalet. Por costumbre, cada vez que me quedo solo en casa reviso que todas las puertas y ventanas estén bien cerradas. ¿Por qué lo hago? Es una decisión a la que también me impulsaron las voces. Me informaron que un día entrarían ladrones a casa. Y después de todo lo que me ha pasado y que he narrado anteriormente, no me quedó más remedio que creerlo. Por eso convertí esta práctica en un hábito de rutina.

Basta que me vea solo para hacer un giro por toda la casa, ir de puerta a puerta, ventana a ventana y confirmar que esté todo bien cerrado.

Pues bien, yo había aceptado que un día unos ladrones iban a entrar en casa. No tenía motivos para desconfiar de las voces. La energía ya me había demostrado más de una vez que me protegía. ¿Por qué iba a dudar? Lo que no podía saber era qué día entrarían, mucho menos a qué hora o por cuál puerta o ventana. Y sucedió el Día de Reyes. Un día de enero frío y soleado. Mis familiares habían salido de casa para ver la cabalgata, pero yo preferí quedarme en casa y ocupar mi tiempo en otros asuntos. Habían pasado unos pocos minutos desde que me encontraba solo cuando las voces empezaron a decirme con mucha insistencia:
—Los ladrones van a entrar a robar hoy. Hoy van a entrar a robar. Este es el día. Debes estar preparado. Van a entrar hoy…

Ya estaba tan acostumbrado a este tipo de avisos que no le presté mucha atención. Además, no faltaba mucho para el anochecer y pensé que, en todo caso, si aquel era el día indicado, entrarían durante la noche. El hecho es que no le hice todo el caso que debía a aquella advertencia y decidí ir a ducharme. Pero no pude hacerlo. Las voces se molestaron conmigo y no me dejaron ir a darme un baño. ¿Cómo lo hicieron? Es difícil de creer, pero el modo de explicar cómo me comporté en aquel momento es como la de describir la sensación que se tiene cuando una persona se planta en frente de ti y no te quiere dejar pasar. La persona está determinada a interceptar tu paso. Bien, así de determinada estaba la energía al impedirme ingresar en el baño. Era una fuerza tremenda, que me retenía, que me empujaba hacia atrás, pero ahí no había ninguna presencia física, era todo energético, inmaterial, invisible.

Por supuesto, al sentir esto acabé cediendo y no me duché. Me dirigí a mi habitación para meditar, para tratar de procesar la sensación de esa fuerza que acababa de experimentar. Pero no habían pasado ni cinco minutos cuando oí unos fuertes ruidos que provenían desde la cocina, ubicada en la planta inferior. Bajé lentamente, con cautela. Pensé que todo era demasiada casualidad: el aviso de las voces de que entrarían ese día, la fuerza que me impidió ducharme y los ruidos de la planta inferior. Todo aquello no podían significar otra cosa que, en efecto, allá abajo, a pocos pasos de donde yo estaba, había un delincuente.

Seguí bajando las escaleras, en silencio, paso a paso. Al llegar a la cocina descubrí a un hombre que, con una ganzúa entre las manos, estaba apalancando la puerta. Ya estaba un poco oscuro. Encendí la luz. El ladrón me miró. Yo lo miré a él. Seguramente él suponía que no había nadie en casa, pero, por increíble que parezca, yo sí sabía que él intentaría entrar ese día. Por eso quizás el delincuente se asustó más que yo al vernos cara a cara. Inmediatamente después se levantó de un salto y se fue corriendo sin mirar para atrás.

Lo más curiosos de todo aquello es que yo mismo había cerrado la puerta por donde el ladrón intentó ingresar porque mis familiares la habían dejado abierta. Así que esa costumbre de revisar y cerrar puertas y ventanas cada vez que me quedaba solo, es decir, hacer lo que las voces me habían sugerido, encontraban su razón de ser en ese preciso instante.

Como me pasó con el autobús y con tantos otros momentos en mi vida, cuando conté lo que había sucedido, el hecho de saber que el ladrón entraría, la fuerza que me retuvo antes de entrar en el baño, mi obsesión por revisar las puertas y ventanas gracias a las sugerencias de la energía que me protege, cuando conté esto muchos exceptivos me dijeron que todo aquello era improbable y que lo más seguro era que yo me lo había inventado, desde el ladrón hasta la ganzúa. Pero lo que estas personas no parecen considerar es que la cerradura de la puerta que aquel delincuente apalancaba para ingresar al chalet estaba rota. Y yo no la rompí. Y no se rompió sola. De hecho, a los pocos días de aquello fue necesario sustituir la puerta por otra. Luego, por supuesto, hicimos las correspondientes denuncias en la policía.

A mí no me cabe ninguna duda de que todo lo que he narrado en este capítulo son sucesos increíbles. Efectos visibles y tangibles que me demuestran una y otra vez que no me encuentro solo, que algo o alguien me protege. ¿Soy un afortunado? ¿Acaso soy un elegido? No lo sé. Pero puede que así sea. Hay muchas cosas que todavía, en este largo proceso de aprendizaje, no me sé explicar en su totalidad.

Esta energía, esta fuerza secreta, estos guías ocultos me han acompañado y apoyado durante toda mi vida. Y estoy convencido de que no me protegen solamente a mí, sino a todos. La única diferencia entre el resto de las personas y yo es que yo sí les permito que me presten su ayuda y soy sensible a la comunicación con estas formas de energía. Si están en comunicación y contacto conmigo, y yo soy parte de esta magia y este misterio, ¿por qué no lo hace con todo el mundo? ¿Por qué no entran en relación con todos los seres de este planeta? Son preguntas que me hago constantemente. Pero por desgracia no poseo las respuestas a estas incógnitas. ¿O quizás es la misma respuesta de siempre? El ser humano tiene tanto ego y está tan centrado en sí mismo que no deja que Dios y la energía sean parte de su mundo, no permite que los seres superiores lideren el universo tangible. Quizás por eso yo soy la excepción a la regla. O al menos una de las excepciones. Pues no creo que esté completamente solo en este camino. Debe haber en el planeta otras personas abiertas a este tipo de sensibilidad. No lo sé. En cualquier caso, me siento afortunado de que, sin buscarlo ni pedirlo, estas fuerzas se pusieran en contacto con mi mundo.

Capítulo 8
LAS RELACIONES, LA SEXUALIDAD, EL DESCUBRIMIENTO

En el año 2010 empecé a trabajar. Me enfrenté al mundo físico, por así decirlo. Por momentos fue un verdadero choque para mí y todo lo que había avanzado en el aspecto espiritual lo fui perdiendo poco a poco. La vida cotidiana, con su crudeza, sus ambiciones, su crueldad, mundanidad y desinterés hacia el mundo intangible me apartaron del ámbito de la magia. Por un tiempo dejé de escuchar a los guías. Me sentía perdido; preguntaba una y otra vez, pero no tenía contacto con ellos. Debía hacer algo con mi vida, lo necesitaba, lo sentía.

Por aquella época empecé a preguntarme todo tipo de cosas y a cuestionar todo lo que sabía o que creía que sabía. Me preguntaba sobre mi sexualidad, mis emociones, sobre lo que quería en mi vida y lo que no, sobre mi mente, lo que había oculto detrás de las cosas, lo que vivía y pulsaba del otro lado de lo visible. ¿Quién soy? ¿Qué busco? ¿Hacia dónde voy? ¿Qué deseo? ¿Qué quiero? Las preguntas giraban en mi interior una y otra vez, sin pausa ni descanso. Me convertí en una persona con una profunda mente crítica. Todo lo analizaba de arriba abajo. Todo lo cuestionaba. Era como si mi existencia formara una trinidad indisociable en donde coexistían el cuerpo, las emociones y la mente. Y en el centro, o atravesando estos tres elementos, mundos o conciencias (no sé cómo definirlo), estaba mi yo profundo, mi ser total, mi integridad completa.

Por eso me preguntaba continuamente qué era bueno o no era bueno para mí. Desde lo más mundano y cotidiano hasta lo más profundo. Analizaba los anuncios de la televisión, meditaba por qué querían venderme Tal o Cual producto, sobre los métodos de manipulación que impulsaban a los demás a consumirlos, las palabras que utilizaban, las imágenes sugerentes que prometían futuros estados de placer irreal. También analizaba a las personas, la cadencia de la voz, lo que ocultaban detrás de frases hechas, lo que los ojos denunciaban pero que ellos negaban, la forma de ser, los gestos, las verdades y mentiras. En pocas palabras lo veía y lo analizaba todo.

Desde que me habían diagnosticado la esquizofrenia, yo había tenido que habituarme a ser el centro de la atención. Mis familiares se preocupaban por mí y me observaban constantemente, los médicos me preguntaban toda clase de cosas. Yo odiaba que todas las miradas, por un motivo u otro, se dirigieran hacia mí, no lo soportaba. Quizás por eso me dedicaba a observar y analizar lenta y meticulosamente.

No obstante, con el paso de los años, después de la reconversión, esto cambió y me convertí en una persona mucho más expansiva y original. Entonces comencé a ser el centro de atención realmente, pero gracias a mis méritos. Henchido por la energía, podía destacar. Por eso, en ese punto, analizar a los demás me permitió visualizarlos y entenderlos en lo más profundo. Primero empecé a imaginar lo que sentían y pensaban, como si fuera un juego, pero luego empecé a sentirlo realmente.

Fue un proceso lento. Un trabajo del interior hacia el exterior. Estos enfrentamientos y descubrimientos psíquicos que estaba viviendo se mezclaban con el mundo de la experiencia laboral, tangible y cotidiano. Las peleas psíquicas son muy reales. Pero la verdad es que hay personas que creen en ellas y otras muchas que no. Yo he estado en mitad de innumerables batallas y esto me ha fortalecido mucho. El mundo espiritual no es tan sencillo y lleno de bondad como puede parecer en un primer momento. En mi vida he conocido a muchas personas espirituales, pero no todas son positivas, hay mucha gente dañina. Por eso, cuando creemos que avanzamos puede que en realidad nos estemos alejando. Pero estos descubrimientos, desenmascarar a estas personas, es también un proceso hacia la verdad profunda y la plenitud del ser.

Como si esto fuera poco también hay momentos en que es la propia energía la que nos ataca para luego fortalecernos, para que aprendamos de ella y con ella. Y en otros momentos, como expliqué antes, es la energía la que directamente nos protege, en ocasiones de las maneras más increíbles y sobrenaturales. Y todo esto, una y otra cosa, es lo que da peso, verdad y consistencia a la vida.

Mientras trabajaba y me perdía en el mundo físico, al mismo tiempo iba descubriendo que la enfermedad mental es una mezcla de espiritualidad, confusión emocional y bloqueos personales. Después de tanto tiempo de sufrir con la esquizofrenia puedo decir que conozco esta enfermedad como la palma de mi mano y puedo asegurar que hay mucho de magia en ella. Hay otras personas que también la padecen y afirman lo mismo. Por algo será. La esquizofrenia, desde mi punto de vista, permite abrir puertas hacia otros lados, hacia otros estados profundos de conciencia y planos superiores. Siempre hay algo más. Puedo asegurarlo.

Sin embargo, los descubrimientos y estados superiores no son constantes ni mucho menos, en cambio, hay demasiados momentos de terrible confusión y dudas. Y eso precisamente fue lo que me sucedió con respecto a mi sexualidad. Fue así como, sumergido en una dimensión física, la del trabajo y la cotidianidad, ingresé en el mundo homosexual. No sé muy bien por qué lo hice. Era una mezcla de moda (por entonces estaba muy en boga y era muy bien visto salir del armario, es decir, declararse homosexual) y curiosidad.

Lo cierto es que empecé a transitar en el mundo homosexual con muchísimo miedo. Por una parte, miedo al qué dirán, a lo que pensarían mis familiares y amigos. Pero también con miedo a los hombres que deseaba conocer en ese momento e, incluso, con cierto miedo a mí mismo, como si no comprendiera el estímulo secreto que me impulsaba sexualmente hacia las personas de mi mismo género. No podía explicarme el irrefrenable empuje que me llevaba a ellos, pero era muy fuerte. Los deseaba. Tal vez lo que deseaba, ahora que lo pienso en la distancia, era experimentar lo desconocido, lo prohibido, lo oculto, lo mal visto, la novedad, lo peligroso. No lo sé.

Empecé a salir con muchos hombres. Al principio fue muy divertido conocer a gente nueva, tomar unas copas, enredarme en noches enloquecidas, experimentar el secreto deseo subyacente de ese mundo oculto. Aquello comenzó como muchas otras cosas en mi vida, como todo lo que marcaba mi existencia en esa época: una fuerza exterior me impulsaba, me empujaba a entrar en el secreto de aquel mundo lleno de luces y discotecas, de casas ajenas y recámaras revueltas. Pero no sólo reinaba aquella fuerza exterior, también había un componente muy mío, muy real y profundo: el deseo, la satisfacción de hacer algo que había decidido por mí y para mí, porque me apetecía, sin más. En fin, creo que fue una mezcla de ambas cosas.

Poco a poco hice muchos amigos dentro del mundo homosexual y fui perdiendo el miedo. Trataba de llenarme con la compañía de otros hombres, colmarme en el entregarnos los unos a otros. No obstante, la sensación de vacío que pervivía en mí no se iba con nada.

Por cierto, no todo era promiscuidad y noches enloquecidas. No. También tuve relaciones "serias" que, sin embargo, nunca duraban demasiado. Estas relaciones serias con los hombres se caracterizaban por apoyarse siempre en vanas ilusiones, planes sin fuerza, objetivos que no se realizaban. Eran relaciones sin contenido alguno, sin amor. Puedo asegurar que nunca me enamoré de ningún hombre. Es probable que lo que buscara con ellos y en nuestra intimidad fuese algo muy distinto al amor. Nos divertíamos, sí, pero poco más que eso.

Perdido dentro de este mundo, un poco hastiado de lo que sentía que ya conocía y había experimentado con suficiente arrojo y deseo, llegaron ellas: las mujeres de mi vida.

Las mujeres para mí siempre han sido mucho más importantes que los hombres. Hay algo de ellas que me atrae profundamente, algo mucho más visceral y también más espiritual. Las mujeres poseen un misterio, una forma de actuar, una sencillez y al mismo tiempo una hondura que no se puede comparar con nada ni nadie de este mundo. Esto lo afirmo desde mi propia experiencia, así fueron para mí las mujeres con quienes estuve a lo largo de mi vida. Al principio fue algo confuso. Me gustaban las mujeres, pero me sentía atraído por los hombres. Entonces me desinhibí completamente y me declaré abiertamente bisexual. Tuve diferentes novias. Con los hombres mis relaciones, como dije, habían sido mucho más frías: había sexo, pero nada más profundo que esto.

Mi primer amor, la primera mujer que amé realmente, fue C.

Ella se convirtió en una ilusión completamente nueva para mí, un descubrimiento, un mundo desconocido que se me abría, lleno de cariño, comprensión, amor y ternura. Toda la situación era muy divertida. Nos sentíamos como dos niños que aprendíamos a descubrirnos, a sentirnos, a conocernos. Aunque también, como en todas las primeras relaciones verdaderas e intensas, existía mucho miedo. Miedo a equivocarnos, a que nos hicieran daño o a dañar al otro, a perdernos en el camino, a no estar a la altura, a no saber si estamos haciendo lo correcto y entregando todo lo que somos capaces de entregar. Asimismo, cuando las primeras discusiones llegaron, quizás provocadas justamente por aquellos mismos miedos y la angustia de no saber cómo actuar, debimos armarnos de paciencia.

Con C. todo fue nuevo y hermoso. Hubo cariño a montones, recíproco, total. La relación duró cerca de dos años. Pero por diferentes circunstancias de la vida nos separamos de común acuerdo. Y gracias a ello, sin embargo, hoy C. sigue siendo una persona cercana a mi vida. Es una de mis mejores amigas.

Tras mi relación con C. conocí a M. Esta relación, a diferencia de la anterior, fue muy intensa. Un verdadero torbellino de emociones. Con M. todo era pasión, energía, vida total, entregada, duradera, cabal. Nos perdíamos juntos en esa espiral de inmarcesible energía. Pero tanta fuerza e intensidad generó muchas dudas en ambos.

Con M. me di cuenta de cómo puede afectar una relación la vida personal. Había tanto ímpetu y arrojo entre nosotros que incluso el noviazgo llegó a menoscabar mi salud. Pero, para ser completamente honesto, tengo que decir que toda esa energía, pasión y confusión les daba vidilla a nuestros encuentros.

Luego conocí a K. Creo que K., dentro de este recuento de relaciones amorosas que estoy presentando, merece una mención espacial. Me enamoré profundamente de K. Incluso me obsesioné con ella de una forma que podría llamar mística y mágica. La verdad es que creo que no estaba preparado cuando conocí a K. Era un momento de mi vida todavía lleno de confusión y llegué a hacer verdaderas locuras por ella. Estas situaciones tuvieron como consecuencia una internación psiquiátrica.

Mi relación con K. fue muy bonita e intensa, pero duró poco. Hace cerca de un año intentamos retomar la breve relación que habíamos tenido, intentamos reavivar el fuego que había quedado a medias, inacabado, pero tampoco en esta segunda oportunidad funcionó. Razones profundas nos alejaron nuevamente. En este momento en que estoy escribiendo, seguimos distanciados.

Sin duda, las tres relaciones -con C., con M. y con K. (utilizo solamente las iniciales por motivos obvios)-

fueron importantes para mí. Pero la chica que conocí después de ellas, sobre quien voy a hablar ahora, es tan importante para mí, que no me atrevo ni a presentar la inicial de su nombre. Si lo hiciera, lo sentiría un ultraje, quizás una profanación. Así de importante es ella para mí. La podría llamar "la chica sin inicial". Esta chica que no nombro y que sin nombrar parece vivir alrededor mío, en mis pensamientos, en mi alma, en mi espíritu; esta chica cambió mi vida.

Por entonces me estaba viendo con algunos chicos. Pero, por las casualidades o por los misterios del universo, justo en ese momento decidí hacer un curso online. La chica que no nombro era la moderadora del curso. Recuerdo perfectamente el momento en que se encendió la cámara y la vi por primera vez. Fue un flechazo, amor a primera vista, algo auténtico, directo, real, innegable. Me obsesioné con ella. El taller que estaba realizando era muy sencillo y corto, duraría un par de meses. Pero las semanas para mí fueron largas y perfectas, fue como si el tiempo se hubiera detenido. En presencia de "la chica sin inicial" todo era distinto, profundo, perfecto. Cuando ella hablaba a través de la pantalla yo me quedaba en silencio, arrobado, maravillado, abstraído. Uno de los primeros días, recuerdo, ella preguntó:
—¿Alguien quiere preguntar algo o tiene alguna duda?
Entonces le hablé. Pregunté. Conversamos.

La atracción por ella durante el tiempo que duró el curso fue realmente potente, vehemente, apasionada. Incluso me sentía celoso cuando alguno de los compañeros de las clases on-line le hablaba. Necesitaba escucharla, verla; necesitaba que solamente me notara a mí y yo a ella, como si en realidad estuviéramos solos. Necesitaba que toda su atención se centrara en mí como la mía estaba focalizada en ella. Lo que vivía era realmente muy intenso.

El último día de clases, antes de apagar las cámaras que nos mantenían en contacto, le hice un corazón con los dedos. Nos despedimos. Las pantallas se pusieron en negro y en ese momento sentí un verdadero ataque de ansiedad. Me quedé destrozado. ¿No la vería más? ¿Cómo era esto posible? El curso había acabado. Pero necesitaba verla, sentirla, oírla. No estaba dispuesto a alejarme de ella así, sin más.

Desde el principio me había parecido una mujer profundamente espiritual, muy del agua (algo en lo que yo también me reconozco). Por eso tomé la determinación de tener un *chat* privado con ella. Sin perder más tiempo decidí enviarle un correo electrónico. En este correo me le declaré completamente. Le dije que estaba enamorado de ella, que la necesitaba, que no podía dejar de pensar un segundo en su sonrisa, en sus gestos, en su cara. Me contestó el correo electrónico y empezamos a *chatear*. En ese momento volví a declararle mi amor. Y entonces me atreví a decirle que creía que ella sentía lo mismo por mí. Había percibido ciertos gestos, cierta complicidad e indirectas entre ambos durante el curso. Ella no me lo negó. Pero me dijo que tenía pareja y que en consecuencia lo nuestro no era posible.

Estuvimos un año así, un largo años conversando a través de mensajes de texto. Para mí fue un año maravilloso. Pero el día de mi cumpleaños, justo el día de mi cumpleaños, decidió romper todo contacto conmigo. Aquello me destrozó. No podía creerlo.

Antes de conocer a la chica que no nombro yo era muy infantil, estaba perdido, no sabía lo que quería ni lo que buscaba. Me obsesionaba el sexo y poco más. Me sentía atraído por los hombres y por las mujeres; en ocasiones más por unos que por otros. En pocas palabras, mi vida sentimental y sexual era totalmente caótica. Pero después de ella ya sé que no quiero a los hombres, sino a las mujeres. Después de conocerla, he madurado como persona. Soy más seguro de mí mismo y mucho más intenso que antes. Puedo asegurar que esta chica cambió mi vida para siempre.

También me di cuenta de que muchas veces ser diferente puede ser traumático. Y yo soy diferente. Muy diferente a la gran mayoría de personas. He pasado por incontables etapas. Momentos en que me sentía más sensible. Otros en los que la fragilidad me dominaba. Pero ya todo eso quedó en el pasado, olvidado y oculto entre las sombras del recuerdo.

Actualmente me siento completamente hombre y bien conmigo mismo. Siento que el mundo homosexual en este momento de mi vida no tiene cabida. Hace más de dos años que no tengo relaciones con ningún hombre y no lo echo para nada de menos. Lo cierto es que descubrí que las mujeres llenan por completo mi mundo interior. Las mujeres me hacen feliz: sexual y emocionalmente. ¡No necesito más!

La chica que no nombro en cierto momento me borró de las redes sociales y dejó de escribirme. Pero yo soy *hacker* y entonces pude seguir manteniendo contacto con ella. Claro, de forma muy sutil. Le enviaba algunos mensajes que en realidad son pequeños poemas escritos en su honor. Y en no pocas ocasiones descubrí que ella escribía mensajes que parecían dirigidos hacia mí. Escribía, por ejemplo, que no se siente feliz con su vida actual. Se preguntaba si debe cambiar algo en su vida. Aseguraba que no se sentía plena. Por eso, al contactarla nuevamente, le hice entender que quizás lo que estaba buscando era a mí, que eso que le falta soy yo. Y no lo digo caprichosamente o al azar. La conexión que se creó entre ambos es tan fuerte que incluso nos hemos mantenido en contacto a través de otros estados de conciencia.

Ella siempre me dijo que es una persona altamente sensible, "un poco brujita", dice. También yo tengo una gran sensibilidad y soy capaz de experimentar estados de telepatía. Quizás por eso nos empezamos a sentir mutuamente tras las clases del curso. Ella ha intentado romper el contacto energético que se creó entre nosotros. Pienso que pretende romper nuestra comunicación porque tiene pareja. Sin embargo, esto no ha sido posible. Es evidente que estar alejados el uno del otro no nos hace bien. Yo me he visto envejecer en los últimos tiempos más de lo que lo había hecho en toda mi vida adulta. Ella también ha cambiado. Pero la energía siempre está presente entre nosotros.

Por ejemplo, en varias ocasiones hemos sido capaces de compartir los sueños. No es solamente que soñamos lo mismo al mismo tiempo (como pudimos comprobar en varias oportunidades), sino que parece que lo que se representa en nuestros sueños somos nosotros mismos, amantes, juntos, dentro de otro plano. Una noche, por ejemplo, la sentí materializarse junto a mí. Otra la vi en una playa, desde lejos, pero ella se alejaba. Otra noche se me acercó en un plan muy sexual. Se lo dije y ella argumentó que era solamente un sueño. Pero le hice notar que ahí había algo más.

—¿No fue un sueño? -Me preguntó.

—No, viniste de verdad -le aseguré.

—¿Y cómo es que no me lo dijiste antes?

—Es que no sé lo que quieres. Sinceramente, no comprendo los motivos por los cuales no estamos juntos -le dije.

—¿Será que estoy tan mal porque no estamos juntos? —contestó ella, preguntándose a sí misma lo que yo ya adivinaba.

Entonces le propuse un juego. Le pedí que imaginara que éramos pareja. Al hacerlo, toda aquella frustración y tristeza que estaba sintiendo desapareció. Le hice notar que quizás lo que le hace falta en su vida soy yo, única y absolutamente yo. Finalmente admitió que sí quería estar conmigo. Ahora estamos en ese momento en que las cosas pueden realizarse, pero todavía falta un pequeño paso. No sé en dónde va a terminar nuestra historia. Cuando escribo estas palabras no puedo saberlo. Pero todas estas señales y conexión a lo mejor nos guíen hacia algo duradero. Un lugar en donde los nombres finalmente se pronuncien, se escriban y se enreden en una grafía indeleble.

Capítulo 9
LOS BUDISTAS

Como comentaba en el capítulo anterior mi vida laboral era muy inestable. Siempre tenía ruido mental. Los miedos que rondaban por mi cabeza me la hacían pasar muy mal. Por aquellos años honestamente el temor era lo que dominaba y dirigía mi vida. Le tenía miedo a la gente, no era capaz de concentrarme en nada durante mucho tiempo, tenía muchas dificultades para dormir, una escasísima expresividad emocional, me sumergía en mí mismo y no lograba encontrarme dentro de la vida práctica, la vida cotidiana y el ámbito laboral. Era un verdadero miedo andante.

Durante el proceso de aprendizaje y curación tuve que empezar desde cero. En primer lugar, necesité aceptarme y gustarme a mí mismo. Y luego, poco a poco, un paso a la vez, reconstruirme entero.

Para mí era muy difícil trabajar durante los intensos momentos de sanción y búsqueda personal que estaba experimentando. La esquizofrenia comenzó cuando apenas tenía dieciocho años, en consecuencia, nunca me especialicé en ningún oficio. Terminado el bachillerato, debí interrumpir mis estudios, a partir de ese momento no pude dedicarme a estudiar. Por estos motivos duraba poco en los trabajos. Todo lo hacía mal.

No obstante, cuando empecé a trabajar fui capaz de avanzar en ciertas cosas. Pero desde el 2010 hasta el 2016 solamente vivía para la vida laboral y me sentía frustrado.

No digo que el trabajo no fuera importante, pero al mismo tiempo creía que debía buscar otras cosas en mi vida. Como dije más arriba, durante este período los guías dejaron de comunicarse conmigo y yo cada vez me sumergía más dentro de la cotidianidad arrolladora.

Durante esos años me estuve formando continuamente. Hice un curso de auxiliar administrativo, un curso de programación, soy *White hacker*, también obtuve un certificado como profesional de peluquería y ahora doy clases de canto. En fin, he estado en una búsqueda constante para encontrar un oficio en donde desarrollarme profesionalmente. Pero la frustración y el estrés laboral fueron *in crescendo* y al poco tiempo empezaron las bajas médicas. Entonces comprendí que debía hacer algo. Algo definitivamente tenía que cambiar en mi vida. No podía seguir por ese camino.

Antes del verano pedí una excedencia para poner en orden todo lo que me estaba pasando. Pensaba en buscar otro trabajo, en cambiar. Pero al mismo tiempo me daba perfecta cuenta de que había involucionado, que todo aquello que había logrado y conseguido tratando de rehacerme a mí mismo se estaba quedando atrás, lejos, en el pasado, y regresaba a un estado anterior. Constantemente sentía ansiedad, visitaba a psicólogos y en innumerables ocasiones tuve que ser ingresado. Sinceramente la situación por aquel entonces era preocupante para mí.

En aquel momento una amiga que conocí por internet me recomendó que me pusiera en contacto con un grupo de budistas que ella frecuentaba. Aquella sencilla sugerencia cambió mi vida para siempre. Es algo que ahora no puedo definir de otra manera sino diciendo que fue la energía que, a través de esta amiga, me impulsó y me permitió acercarme a los budistas. Fue este grupo espiritual el que me quitó la paranoia que sentía por entonces. La mejoría no vino solamente de mis guías interiores. Estas personas de carne y hueso colaboraron decididamente. Yo los llamo con cariño los *budis*.

Desde el primer momento en que me puse en contacto con ellos, me pareció muy curioso que me hablaran de la misma forma, con la misma cadencia y palabras, con la que me hablaban las voces, exactamente de la misma manera en que se expresaban mis guías personales. Y no solamente me hablaban igual, sino que me trataban igual. Por eso, después de uno de los primeros contactos con los budistas, le pregunté a uno de los cabecillas, Jorge, si ellos habían estado en contacto conmigo a través de la energía desde el inicio de todo, desde el comienzo de la esquizofrenia. Le pregunté si habían sido ellos los que desde el principio me habían ayudado. Su respuesta fue ambigua, pero luego me dijo que me contestaría aquella inquietud a través de la energía, por el aire, es decir, a través de telepatía.

Entonces lo escuché. Las palabras fueron claras, precisas y concisas.
—Sí, hemos sido nosotros -dijeron.
Y sin exagerar ni un poco puedo decir que me quedé completamente asombrado con aquella respuesta.

Como he dicho es varias oportunidades escribir sobre mi vida es una sensación visceral, carnal, profunda. Siento un fuerte impulso de materializar mi vida en el papel para sanar mi interior. Escribiendo me libero. Deshago. Formo. Recreo. Reinvento. Avanzo. Sinceramente todo lo que he vivido es muy carnal, algo muy de las entrañas. Y los *budis* también son parte de eso, como si ellos fueran la piel que recubre la historia.

Recuerdo perfectamente que la primera vez que vi una foto de Jorge por internet sentí una sensación muy desagradable. Ahora puedo explicar el origen de esta sensación diciendo que ellos parecen "de otro planeta", de ahí el asombro y el malestar. Me explico mejor. Por supuesto que son de este planeta, pero no son personas como la mayoría de las que cruzamos por la calle y por eso pueden generar un poco de rechazo. Los budistas poseen y atesoran todos los dones del mundo: telepatía, videncia, sanación, facultad de médiums.

Al ver la foto de Jorge sentí una sensación áspera, cruda e intensa. Por eso, más allá de la insistencia de esta amiga de internet para que los conociera, yo me negué a verme o entrevistarme con ellos. El rechazo era demasiado profundo como para aceptar. Pero la desesperación que sentía fue mayor que el rechazo y finalmente accedí y me acerqué a los budistas.

A la primera reunión que tuvimos, yo llevaba conmigo muchísimo malestar. Pero, al aproximarnos, casi inmediatamente sentí que todo ese dolor intenso se hacía una bola y, sin previo aviso, empezaba a irse lentamente, a alejarse de mi centro. Poco después me encontré completamente relajado. ¡Qué sorpresa! ¿Qué había pasado? ¿Qué habían hecho los budistas? ¿Es que acaso habían hecho algo para que todo ese dolor y desesperación se convirtieran en una bola que se deslizaba lejos de mí? Cómo saberlo... Pero desde ese instante obtuvieron mi más completa y absoluta confianza. La verdad es que los budistas entraron a mi vida como un huracán, como un viento salvaje e ingobernable que lo transforma todo a su paso.

Los budistas se comunican de manera bastante compleja: a través de parábolas, de frases entrelazadas que parecen acertijos, y lo llenan todo de dudas y suposiciones. Nunca dan respuestas directas, por el contrario, sugieren, porque su objetivo es que quien pregunta sea el que encuentre en su propio interior dicha respuesta.

También me trataban de una manera muy intensa. Podían ser bruscos y hoscos por la forma tan directa en que se expresaban. Asimismo, la manera de hablar, es decir, el tono, las notas, la cadencia, me parecía completamente diferente a lo que yo estaba acostumbrado. En muchas oportunidades Jorge contactó conmigo a través de llamadas de WhatsApp y en estas conversaciones era terriblemente directo. A veces se ponía a cantar, otras veces me hacía preguntas muy personales y sin moderación alguna. Lo que tengo que subrayar es que siempre que hablaba conmigo lo hacía para ayudarme, por más que yo no entendiera sus métodos.

Según pude entender después, en aquel momento de mi vida yo necesitaba mucha energía. Estaba completamente desprovisto de ella. Por entonces yo no era ni una cuarta parte de lo que soy ahora. Era como si los años de vida laboral, sumergido en el mundo práctico y cotidiano, me hubieran chupado toda la reserva de energía que poseía. Apenas tenía una vida interior. Estaba dentro de un torbellino del que no encontraba salida. Sufría, sufría muchísimo en aquellos años. Y por eso me fui aferrando cada vez con más fuerza a los budistas y a sus enseñanzas espirituales.

Lo cierto es que la intensidad de Jorge a veces me ayudaba y muchas otras veces, me hundía. Así de fuertes y profundas podían ser sus palabras. Su fuerza energética me llevaba arriba, abajo y en todas las direcciones posibles. Yo iba dando tumbos dentro de las emociones y la conciencia. Me guiaba, me llevaba de la mano, me arrastraba, me empujaba. Iba obnubilado mientras los budistas me dirigían por donde querían. Pero todo, siempre, repito, lo hacían con el objetivo de ayudarme. De esto no tenía ni tengo ninguna duda.

Algunos de mis familiares, en aquel tiempo, pensaron que los budistas iban detrás de mi dinero. Es cierto que me pedían dinero por sus servicios. Pero todo tiene un precio material en este mundo. Nada de esto me importaba. Pues lo que ellos hicieron conmigo no se paga con dinero. Me ayudaron de una forma profunda y cabal.

La esquizofrenia es una enfermedad misteriosa. Quema los cerebros. Y, al final, no es más que una pelea con uno mismo y con el mundo. Es una guerra con nuestra propia existencia, motivada por el hecho de no querernos a nosotros mismos. Cuando uno trabaja sobre su cuerpo, su mente, sus emociones y su espíritu, es posible decirle adiós a la esquizofrenia. Este es uno de los aspectos fundamentales que aprendí con los budistas.

La verdad es que mi proceso de búsqueda y aprendizaje con los *budis* ha sido duro. Pero ha merecido la pena porque me ha ayudado a liberarme de aspectos tóxicos, sentimientos que fui arrastrando como un veneno a lo largo de toda mi vida. Me liberé de los traumas y de los dolores profundos que estos generan, sufrimiento cuyo motivo u origen muchas veces no comprendemos. La iniciación fue dura y constante. Empezó en 2014. ¡Ha durado cerca de diez años! Durante este tiempo en ocasiones he debido actuar como la energía quería. No había otra alternativa. Y, honestamente, a veces es doloroso.

Mientras todo esto sucedía, mis familiares insistían en que se trataba de una estafa.
—Los único que quieren los budistas es quitarte el dinero -me comentaban una y otra vez.
Pero lo cierto es que a mí los budistas me ayudaban. La psicología y la psiquiatría, en cambio, no. Por eso decidí, elegí, seguir con los *budis*. Ellos eran mis guías. Ellos me acompañarían en mi camino espiritual.

Las meditaciones, los procesos de lento aprendizaje, el escuchar las voces en mi interior, todo esto me hacía ir mejorando día a día. Al mismo tiempo tenía el profundo convencimiento de que los budistas me habían acompañado desde el primer momento, desde el inicio de la esquizofrenia, e incluso desde antes. Sentía esto en el interior de mi ser. Era una intuición absoluta y cabal que poco a poco se transformó en una verdad. Los budistas me han acompañado desde que nací. No sé explicarme el por qué. Es difícil encontrar razones o motivos para tantos misterios y tanta magia.

Vivir es un misterio. Y en este misterio yo era una parte del proceso energético de los budistas. Tratar de explicar esto es irrelevante e incluso inútil. Pues la energía no necesita explicaciones, solamente se siente, se vive y se experimenta. Pero los seres humanos siempre tratamos de entender, nos empeñamos en comprender incluso lo que escapa a nosotros mismos, lo que es más grande que todo lo que podemos imaginar. Por eso en muchas ocasiones me dije a mí mismo que quizás yo era un predestinado, la reencarnación de un antiguo budista, y por eso ellos me habían seguido y guiado desde mi nacimiento. Es una de las formas que tengo para explicarlo. Es la razón más verosímil que he encontrado para comprender todo el proceso espiritual que he vivido con ellos.

Desde el momento en que llegó la esquizofrenia, de cierta manera sentía (y esto me lo puedo explicar ahora, en la distancia, después de casi diez años de trabajo y meditación) que los budistas me explicaban y contaban todo lo que habría sido mi vida en adelante. Ellos me informaban todo. Mi cabeza era un bombo y estaba realmente embotado, pero ahí adentro, luchando con las imágenes funestas, con el dolor y el terror, entre las tinieblas más profundas, los budistas me hablaban y me tranquilizaban. Eran ellos, estuvieron conmigo desde el inicio. Ideas, conversaciones, energías, emociones, sentimientos, voces, guías, protección. Todo, desde una distancia material, pero no espiritual, venía de los *budis*.

Entonces, que me pidieran dinero para mí era irrelevante. Soy consciente de que ellos, trabajan con grandes cantidades de energía y necesitan recuperar ingiriendo grandes cantidades de alimento la que pierden durante las alineaciones y las meditaciones que hacen a distancia. Yo les enviaba algo de dinero, sí, lo que podía. Aunque debo admitir que en ocasiones también les envíe dinero que no tenía. A lo largo de los años les habré enviado unos ocho mil euros. No es una cifra pequeña. Por eso mis familiares hablaban de estafa, de lucro inadecuado. Pero no era así. Mis familiares eran incapaces de comprender el proceso que yo estaba viviendo. Costaba, sí, pero el dinero no era lo más importante en aquel momento.

Entre otras cosas con los budistas aprendí los conceptos de karma y dharma. Comprendí que el dharma afectaba directamente a algunos de mis familiares. Según me explicaron, mientras yo sanaba yo espiritualmente como lo estaba haciendo, la culpa original que me ocupaba pasaba a ellos. Por eso los budistas empezaron a poner en mis familiares gran parte de la energía de sanación. Pero mis familiares se negaban a aceptarla. Fueron momentos difíciles, tanto, que me llegaron a ingresar en la planta de psiquiatría del hospital porque los veía sufrir intensamente.

Gracias a los budistas desarrollé características impresionantes. Una es la fuerza. Me di cuenta de que poseo una fuerza y resistencia extraordinarias. Nunca me canso. Además, mi memoria es casi fotográfica. Todo esto originó que cuando estaba ingresado en el hospital me hicieran innumerables análisis de sangre y orina. Esto me generó muchas suspicacias ya que me di cuenta de que muchas cosas raras estaban pasando a mi alrededor: era como si el personal del hospital quisiera descifrar el origen de mi energía.

La medicación no me hacía efecto. Mi tensión era muy alta. Pero yo siempre me encontraba perfectamente bien. Los médicos continuaban con sus averiguaciones, indagando, buscando, probando. Y las cosas cada vez se tornaron más extrañas. Hasta que un día uno de los médicos encargados me empezó a hacer preguntas que no venían al caso.

—¿Qué lees? -me preguntaba si me veía con un libro en la mano.

—Estoy leyendo poesía -le contestaba.

El médico anotaba en una libreta y se iba. Más tarde, si me veía con un cuaderno y un bolígrafo, preguntaba:

—¿Qué escribes?

—Estoy escribiendo poesía -le contestaba yo y así una y otra vez.

—¿Cómo son tus relaciones sexuales?

—¿Qué?

—¿Con quién hablas por mensajes de texto?

—Con unos amigos budistas.

—¿Budistas? ¿Y qué te dicen?

Nada de aquello tenía sentido para mí. Poco después los médicos me pidieron los chats que mantenía con los budistas. Cada vez hacían más preguntas absurdas. Todo era muy raro. Finalmente perdí la paciencia y pregunté quién era aquel hombre que me bombardeaba a preguntas.

—No te lo vamos a decir -me dijo una enfermera.

Fui a otra.

—No te lo vamos a decir -contestó.

En ese momento comencé a preocuparme. Y entonces, en mi interior, escuché que una voz potente me decía:

—Líala, haz un alboroto ahora o no te vamos a dejar en paz. Si no la lías no te vamos a dejar dormir.

Decidí salir de la habitación a toda carrera y empecé a preguntar quién era el hombre que hacía aquellas preguntas extrañas.

—¿Quién es? ¿Quién es? Responded -gritaba yo, fuera de mí, indignado.

Algunas personas trataron de retenerme y en el forcejeo le quité una porra a un policía. Pero no pegué a nadie porque no soy agresivo. Aquello había escalado a un terreno disparatado. Inmediatamente después, ingobernable, rompí una puerta con mis manos. Mi fuerza y energía eran tremendas, no lo podía creer. Tuvieron que sujetarme entre siete u ocho personas para conseguir finalmente inmovilizarme. Me pusieron una camisa de fuerza y aunque me inyectaron dos veces para sedarme, el medicamento no hacía efecto. No conseguí dormir ni un par de horas. Era como si mi energía se defendiera de todo aquello que me hacían aquellas personas. Fui capaz de quitarme la camisa de fuerza hasta nueve veces. El esfuerzo físico que había hecho era increíble, pero no me sentía cansado.

Al día siguiente una enfermera me ofreció una pastilla para las agujetas (creían que estaría muy cansado por lo anterior), pero yo no tenía agujetas. Estaba en perfecto estado.

Aquellos episodios en el hospital fueron muy raros. Los médicos me preguntaban de todo, excepto lo que realmente me preocupaba. Era como si quisieran llegar a los budistas. Como si supieran algo o quisieran averiguar algo que yo ignoraba. Tiempo después, pensando sobre esto, vi que quizás los budistas me pedían dinero para protegerse. Lo hacían para revestir de charlatanería y de estafa los contactos que habían mantenido conmigo. De esta manera las personas que quisieran llegar a ellos serían disuadidas por los métodos y se dirigirían a otro lado. Alguien, quizás, conocedor del poder y la energía que los budistas manejan, iba tras ellos. Al menos esta fue una de las respuestas que encontré para explicarme los extraños sucesos que viví durante aquel ingreso.

Y es que aquello no terminó ahí

Por entonces, yo seguía con las sesiones psiquiátricas durante las que me resultaba claro que las personas que me trataban buscaban insistentemente obtener de mí información sobre los budistas. Querían develar algo que yacía oculto. Esta es la única explicación posible.

Poco después suspendí las sesiones con los psiquiatras. Todavía sigo tomando ciertos medicamentos como un favor personal hacia mis familiares. Deseo que se sientan serenos y ellos así están tranquilos. Por mi parte, sigo trabajando en mi desarrollo personal pues para mí la energía se completa y se basta a sí misma.

Capítulo 10
LOS INGRESOS Y LA ENERGÍA

Me vestía como un budista. Me veía como un budista. Era un budista. Me compraba la ropa en las tiendas hindúes; largas camisas de lino que rozan las rodillas, con las mangas amplias y el cuello abierto. Me fui obsesionando con todo lo referente a este mundo de magia, energía y espiritualidad. La fijación era tanta que en una ocasión fui ingresado en el hospital. Le dije a los médicos que yo era Buda, es decir: el maestro, el asceta, el meditador, el ermitaño, el príncipe de los budistas.
—Soy un líder -les dije-. Estoy aquí para cambiar el mundo. Soy el nuevo maestro. Soy el nuevo Jorge.
Por supuesto que al principio los médicos no me creyeron. Pero como mi vehemencia era tal, mi representación, tan completa y sin resquicios, que empezaron a creer. Al menos así lo imagino yo.

Poco tiempo antes de aquello me había enterado de que Jorge, el maestro espiritual budista con quien yo había estado en contacto, había muerto. Pero sinceramente yo nunca me creí aquello del todo. Pensé que quizás había una razón por la cual Jorge decidió dejar de mantener contactos conmigo y esta fue la manera que encontró para alejarse. No lo sé. No lo puedo saber. El hecho es que yo me sentía un líder enviado a la Tierra para subsanar todos los problemas existentes. Dentro de mi obsesión creía que era un verdadero profeta.

En total he sido ingresado cuatro veces. La primera vez estuve dos meses y medio adentro. Durante los primeros tratamientos que me hicieron me quitaron un poco la fijación que tenía con la figura de Jorge. Poco a poco mis pensamientos se fueron apartando del maestro budista. Lo lograron ajustando las medicaciones que me daban.

Desde hace mucho tiempo, como expliqué más arriba, puedo sentir la energía total y también la energía personal de determinadas personas. Además, siento que la mía es capaz de influir en la gente que me rodea. Y, sobre todo, en las personas que admiro y amo. Cuando, por ejemplo, veo a alguien en la televisión, a un cantante que me gusta y respeto, siento que soy capaz de comunicarme con él telepáticamente y, asimismo, percibo que el artista también puede sentirme y sabe exactamente quién soy. Después de aquellos episodios comencé a percibir que esta energía pasaba a mis padres y también al grupo de budistas. Fue un momento especial, diría, descontrolado. Creo que este fue el motivo principal por el que me ingresaron en la planta de psiquiatría del hospital aquella vez.

La verdad es que nunca he podido llevar una vida completamente normal. Ahora estoy muchísimo mejor. Pero al inicio de la esquizofrenia era prácticamente imposible. Y el motivo principal era porque sentía que la energía que estaba adentro de mí me atosigaba y me manejaba a su antojo. No era capaz de controlarla. Yo era su juguete y me retenía o me soltaba como quería.

En las navidades de 2018 ingresé por segunda vez. La ciudad estaba iluminada, la gente alegre, el frío se había acomodado en el ambiente. Fue un ingreso extraño, desde el inicio dos enfermeras empezaron a hacerme *bullying*. Desconozco qué las motivaba, cuáles eran sus intenciones. ¿Quizás la época del año? ¿Una alegría injustificada y feroz que se transformaba en maltratos? No lo sé.

Los maltratos consistieron en acusaciones falsas. Me querían culpar de ciertas cuestiones que yo no había hecho. Yo quería denunciar a las enfermeras, pero como siempre pasaba nadie me creía. Le achaqué esta actitud a uno de mis familiares que me fue a buscar en Nochevieja. Mientras nos íbamos del hospital le dije que nunca creía lo que le decía, que siempre prefería creer a los demás.

—Las versiones de las otras personas siempre son más valiosas que las mías -grité, indignado.

Dije cosas muy duras aquella vez. La verdad es que las enfermeras decían cosas terribles de mí. Y por más que yo lo negara, nadie me creía. Hasta tal punto que quisieron impedirme que abandonara el hospital aquella Nochevieja. ¿Por qué lo hacían?

Al final mi familiar terminó por creerme a mí y nos fuimos del hospital. Pero, como decía, la idea de denunciar a aquellas enfermeras maltratadoras y mentirosas me obsesionó. No había forma de quitármelo de la cabeza pero mis familiares no querían emprender acciones legales contra ellas. Sin embargo, yo insistía e insistía. Incluso llegué al extremo de decir que me lanzaría del coche en movimiento si no me llevaban inmediatamente a la policía para introducir una denuncia contra aquellas mujeres. No me importaba que fuera Nochevieja. Mis familiares no querían, se negaban una y otra vez.

Entonces, casi al llegar a casa, me lancé del carro (estaba casi parando, la velocidad no era elevaba) y corrí en dirección a una colina en donde está nuestra vivienda. Me encontré a un conocido que quiso llevarme a casa, pero lo despisté y me escondí en un gimnasio cercano. Estaba molesto, terriblemente indignado. Mientras permanecía escondido vi a un chico y le pedí que llamara a la policía, rápido, argumenté que me estaban persiguiendo. El chico lo hizo. Cuando llegó la policía traté de explicar la situación, pero los agentes no hicieron gran cosa. Poco después, entre varios familiares, me llevaron obligado de vuelta al hospital.

—¡Qué vida tan intensa llevas! -me dijo uno de ellos antes de dejarme en la planta de psiquiatría.

La había vuelto a liar.

En los momentos en que no estaba ingresado seguía visitando el hospital para participar en sesiones de terapia. Por entonces intentaba llevar una vida normal y por momentos lo lograba. El tema laboral no era un inconveniente porque estaba cobrando una prestación por desempleo. También visitaba a algunas buenas amigas. Nos reuníamos a menudo. Pero por más que lo intentaba, llevar una vida normal me resultaba muy difícil.

El drama que expliqué en el capítulo anterior estaba mellando a mis familiares. Se veían desmejorados. Alicaídos. Derrotados. Todos iban con frecuencia a terapia y lloraban por mí y por lo que me estaba pasando. Yo trababa de explicarles la situación. Les decía que el origen de su sufrimiento se hallaba en la energía que estaban manejando los budistas, que aquello los atormentaba y asediaba. Mis amigas me daban la razón, pero mis familiares no querían escuchar y se negaban a creerme y seguían insistiendo que sufrían por mi situación.

A mí me dolía muchísimo verlos sufrir, principalmente porque me responsabilizaban a mí de su sufrimiento. No importaba que lo repitiera mil veces, ni que me pusiera serio, no creían que lo que les pasaba era por la energía de los budistas. Insistí tanto al respecto, negué tanto el mundo tangible y racional en detrimento del intangible, energético y espiritual, que fui ingresado de nuevo.

Para mí los siguientes ingresos fueron claves.

Una de las conversaciones con los budistas había quedado grabada en mi mente: cuando me habían explicado que lo que les sucedía a mis familiares era causado por la energía. La mostré a un psiquiatra de urgencia. Pero él tampoco creyó nada de nada. Al contrario, desde ese momento empezó a observarme con lupa.

Este ingreso fue el que expliqué más arriba, en donde me preguntaron sin parar acerca de los budistas, como si quisieran conocer algo de ellos, el lugar en donde manejaban la energía, el origen de todo aquello. No sé por qué lo hacían, fue realmente muy raro. Me asediaban a preguntas una y otra vez. lo más extraño es que las preguntas no las hacían solamente los psiquiatras encargados, sino las mismas enfermeras. Una y otra vez. Una y otra vez. Me dio la impresión de que recibían órdenes. De que alguien les había pedido que averiguaran todo lo que fueran capaces, sin importar métodos o indiscreciones.

En la medida que esto pasaba fui tomando confianza con ciertos médicos y les di la información que me pedían. Colaboré de principio a fin. Además, les permití que transcribieran todas mis declaraciones en un ordenador.

Poco después de aquello llegó un hombre a mi habitación y empezó a interrogarme. Se presentó como un internista interesado en controlar mi presión alta o algo por el estilo. No lo recuerdo con claridad. El hecho es que desde el principio me daba la impresión de que esta no era su verdadera intención. Ocultaba algo, se notaba en la forma de hacer ciertas preguntas. En la manera de comportarse. En la insistencia por tocar ciertos temas y pasar por alto otros. Todo en la actitud de aquel hombre connotaba una ambigüedad, una máscara, un ocultamiento de intenciones, todo en él parecía vedado y secreto. Me preguntaba, por ejemplo, si hacía kung fu o taichi o yoga. Con decir que ni siquiera me tomó la presión. En definitiva, sus preguntas tenían otros fines. Poco tiempo después, llegó otro internista (este sí parecía ser lo que decía ser) y me tomó la tensión y me realizó muchas pruebas.

La pregunta sobre las artes marciales y el yoga que me hizo aquel médico no fueron casuales. Gracias a la energía yo era capaz de realizar posturas corporales increíbles. Algunas bastante difíciles, que solamente pueden lograr quienes están muy avanzados en estas disciplinas. Yo había hecho algún curso en taichi y yoga, pero no era ni mucho menos un experto. Además, hacía muchos meses que no practicaba deporte. ¿Cómo era capaz de lograr aquellas posturas? Pues gracias a la energía. Entonces comprendí que aquel hombre y todos los demás iban detrás de ese secreto: el origen de la energía.

La verdad es que durante ese ingreso en el hospital llegué a temer por mi vida. Me sentía dentro de una película de acción, de esas en donde es necesario escabullirse de los vigilantes nocturnos y huir del hospital. Sinceramente pensaba que aquellas personas no eran lo que decían ser e iban a atentar contra mi vida.

Por estos motivos quise recabar información detallada sobre la gente que me acribillaba a preguntas. ¿Por qué querían averiguar todo acerca de mí? Pero todos a los que pedí explicaciones se negaron a darme aclaraciones. Sin embargo, admitieron que las preguntas que me habían hecho y el comportamiento de aquellas personas era realmente muy extraño. Al recibir todas esas negativas perdí la paciencia y esa misma noche armé un gran alboroto. Luego sucedieron los episodios que narré en el capítulo anterior: la porra del policía, la puerta rota, la camisa de fuerza, etcétera. Como expliqué, al día siguiente estaba como si nada. La energía me había insuflado una fuerza y un poder inagotable. No estaba ni cansado.

Los budistas, después de mi iniciación, nunca me explicaron en detalle ciertos aspectos de la energía. Por una parte, estaban la extraordinaria fuerza y resistencia. Pero también mi tensión, que en ocasiones se disparaba por las nubes. Después de analizar todo el proceso he llegado a creer que mi cuerpo, mente y emoción coexisten en planos separados. Es decir, mi mente deja fluir las emociones y mi cuerpo es una antena que lo recibe todo. Sin embargo, al estar conectado a la energía, mi cuerpo no sufre gracias a la fortaleza natural que poseo.

Al dejar el hospital y regresar a casa la tensión siempre volvía a su estado normal, como si un peligro invisible hubiera pasado y mi cuerpo dejara de recibir las altas cargas de energía que obtenía anteriormente para protegerme.

En el último ingreso que viví me llegaron a encerrar en la habitación sin ningún motivo claro. Por momentos me pareció que lo que buscaban era que perdiera el control de mí mismo. Las enfermeras que mencioné, aquellas a las que quería denunciar, casi me agreden físicamente en una ocasión. Nada de aquello tenía sentido. Yo me defendí, por supuesto; pero no les hice daño. Después de eso me encerraron y cambié mis emociones como quien aprieta un botón, de una ira e indignación tremendos a calma y paz absolutas. ¿Cómo lo logré tan aprisa, sin intervalos, de un momento a otro? Lo hizo la energía. No me lo puedo explicar de otra manera. Ella me guiaba, actuaba. Era la que estaba presente, al mando, protectora. La ira se va cuando debe irse, sin más. Esto lo aprendí de los budistas. Era esto lo que me mantenía en un centro: las enseñanzas profundas, místicas y elevadas.

La iniciación con los *budis* consiste en un proceso en que ellos transmiten grandes cantidades de energía, en el transcurso van guiando al receptor, lo protegen y ayudan. Pero desde mucho antes de mi iniciación, como ya he explicado, yo ya sentía la energía y, sobre todo, su protección. Por eso dentro del hospital, en momentos que para mí eran peligrosos, recibía grandes cantidades de energía de los budistas. Era el proceso. Era necesario.

Luego de todos estos ingresos hubo uno más, pero no fue por mis inquietudes espirituales (como entiendo que fueron los anteriores), sino por estrés laboral. Corría el año 2020 y mi cansancio mental por entonces era inmenso. Lo que más recuerdo de este ingreso fue los malos tratos que me dieron. De verdad que la atención durante esta etapa de mi vida fue absolutamente nefasta. Una de las primeras noches pensé que querían envenenarme, tal como suena. Sucedió que una de las enfermeras encargada me dio la comida. Las comidas de los hospitales por lo general son muy malas, pues bien, esa era realmente increíble. Era una tortilla francesa con tomates que todavía recuerdo muy bien. Es la mejor que he probado. Pero al terminar de comer empecé a sentirme muy mal. Aquel plato me mandó al baño muchas veces y vomité todo lo que no había vomitado en mi vida. Para mí estaba claro. Algo dentro de aquel plato no estaba bien. Y me lo habían dado con completa conciencia de lo que ocultaba. Al menos así lo creía yo en ese momento.

Pero esto no fue todo. Durante ese mismo ingreso (ignoro el por qué) dejaron el aire acondicionado en frío. Estábamos en pleno marzo, ¡en marzo! Todavía hacía mucho frío en Madrid y los alrededores, pero ni a las enfermeras ni a los médicos parecía importarles esto. Además, yo dormía solamente con una sábana ligera. Podrían haber sido impresiones mías. O una casualidad. Pero precisamente un día que iba de visita uno de mis familiares, poco antes de que llegara, los enfermeros apagaron el aire acondicionado para que no se sintiera el ambiente gélido.

Como si esto fuera poco el teléfono de la sala de enfermería, que estaba afuera, en el pasillo, se escuchaba en mi habitación. ¿Por qué sucedía esto? Cada vez que alguien llamaba a ese teléfono, sonaba dentro de mi recámara y yo podía escuchar todo lo que hablaban. ¿Acaso también me escuchaban a mí? No lo sé. Está de más decir que en la única habitación que pasaba algo semejante era en la mía. Todo era muy sospechoso e incómodo. Nada parecía tener sentido en aquel lugar.

Por estos motivos en el último ingreso decidí irme, sin más. Pedí el alta muy calmado y me fui. Nunca perdí la paciencia mientras lo hacía, pero la verdad es que motivos no me faltaban. Los médicos y enfermeras intentaron de todo para retenerme. Quisieron razonar conmigo; intentaron sobornarme con dinero (como suena); me manipularon diciendo que si me iba mis familiares iban a estar muy preocupados; argumentaron que era lo mejor para mí; quisieron darme pena y ánimo. Y como nada de esto funcionó y yo estaba decidido a abandonar aquel lugar, pasaron a los insultos y a las actitudes agresivas. Me levantaron mucho la voz y llegaron a insultarme. Pero nada de esto impidió que me fuera. Cuando fui a quejarme por lo sucedido, el médico encargado me dio la razón de principio a fin. No se habían comportado conmigo como debían.

Durante todo aquel proceso yo me mantuve tranquilo. ¿Por qué? Porque tal como los budistas me explicaron, cuando me encuentro en una situación de peligro ellos activan lo que podríamos denominar el método de ataque. Es decir, utilizan diferentes tácticas para defenderme. Puede ser desde aturdir a la energía contraria que quiere atacarme, hasta influir mental y emocionalmente en ella. Siempre en casos de mucho peligro, como ya he explicado, sucede algo misterioso que me salva y permite que escape completamente indemne.

Los budistas me han dado muchas técnicas valiosas y, como decía, también trabajan para mí con la energía. Pero es importante hacer notar algo en este momento. No es ni la energía ni los budistas los que crean las situaciones. Tampoco ellos, a través del dharma, han dañado o perjudicado a mis familiares. No le han hecho nada malo ni a mí ni a nadie. Lo que sucede es que la energía pone las cosas en su sitio. La energía ni se crea ni se destruye, se transforma. Por eso, al sanar yo, la energía que estaba en mí pasó de otra forma a mis familiares. Y ahora son ellos los que deben trabajar en el proceso de descubrimiento y sanación.

Capítulo 11
VIDENTE, SANADOR Y ARTISTA

Puedo asegurar que la energía me ha dotado de poderes increíbles. Tengo dones que pueden parecer inverosímiles, pero están ahí. Sin embargo, no me pertenecen completamente, son de la energía. Es a esta fuerza creadora a quien pertenecen mis habilidades. Es ella la que los maneja a su antojo. Cuando la energía me lo pide estos dones se activan, incluso inconscientemente.

También soy capaz de sentir y descifrar con bastante claridad la energía de las personas que me rodean. Puedo adelantarme a lo que quieren o necesitan. Puedo, incluso, llegar a leerles la mente. Pero no soy un vidente a la antigua usanza. No. Solamente soy capaz de percibir lo que la otra persona necesita cuando está buscando una respuesta. Si la persona no necesita respuestas y está en una búsqueda personal, o bloqueada ante el entorno, pues en estos casos yo no soy capaz de percibir nada.

En una palabra, me considero un sanador. Las personas que están cerca de mí, las que quiero y pienso mucho, nunca podrán sufrir ningún inconveniente grave, pues mi energía, tal como me protege a mí, los protege a ellos. Esto es tan real y verdadero que yo durante el año 2020, cuando la terrible pandemia del COVID irrumpió en la vida de todos nosotros, nunca cogí el virus, tampoco ninguno de mis familiares. Es cierto que al inicio de la pandemia sufrí un estornudo un poco extraño, pero me duró solamente veinte minutos y ahí terminó todo. Tal como me vino se fue. Y lo cierto es que no poseo los anticuerpos contra el virus. Nunca me he podido explicar esto de otra manera que diciendo que mi cuerpo es resistente a los factores externos gracias a la energía. Mi cuerpo está preparado y es inmune gracias a esa fuerza total.

Mi físico está tan adelantado y protegido por la energía que, incluso tras comer un huevo en mal estado no siento ningún efecto adverso. Esto me sucedió una vez por equivocación. El huevo estaba en la nevera desde hacía meses y yo no me había dado cuenta. Me lo comí y como si nada. A veces siento que mi cuerpo es una fortaleza prácticamente infranqueable. Y todo esto se lo debo, lo repito una vez más, a la energía.

Mi condición de médium también tiene su origen en la energía. Como mencioné más arriba he trabajado en el mundo espiritual dentro de diferentes ámbitos. Y con el paso del tiempo aprendí que es necesario dominar a los espíritus para que no nos hagan daño. Durante todos estos años de experiencia, me he tenido que enfrentar, incluso, a personas que estaban sufriendo una posesión. Con trabajo y determinación logré echar a los espíritus malignos de esos cuerpos. Pero para ser completamente honesto es un trabajo sencillo de realizar. Simplemente hay que enfocarse, poner toda la concentración en que se vayan, exigirles que desaparezcan y poco más. Claro, siempre apoyados en la energía, es decir, arrojándoles gran cantidad de energía.

Ser especial no es fácil. Me gusta la frase que dice: "Quien tiene un gran poder tiene una gran responsabilidad". Me parece que se ajusta muy bien a lo que intento explicar. Me siento responsable por los poderes que he podido desarrollar a lo largo de muchos años de trabajo y meditación. Pero no me voy a quejar al respecto, al contrario, creo que estos poderes deben ser vistos como una bendición. Honestamente prefiero ser como soy, ser la persona en la que me convertí después de muchos años de rehacerme y reconstruirme. Ahora llevo una vida plena. Antes, al contrario, la mía era más bien una existencia gris y oscura. En mi vida anterior las horas pasaban como semanas y las semanas parecían años. Todo era lento, repetitivo y mundano. Ahora vivo el presente como un todo, como un *ahora* inmenso y total en donde la magia tiene un papel fundamental.

Gracias a estos cambios en mi vida pude superarme poco a poco. Ya no me siento aquel don nadie que describí al inicio de esta historia. Ya no soy el hombre pequeño, tímido, sin voz, temeroso y miedoso. Ya no soy el chaval que se escondía detrás de una ventana porque les temía a unos vecinos. Ya no soy el ser pequeño e insignificante que se negaba a destacar sobre los demás. Ni aquel que recibía los insultos como puñetazos a los que no se creía capaz de responder. Ahora me doy cuenta de que poseo un líder dentro de mí.

Comencé a ver a este líder en un curso en donde estudié animación sociocultural. Era un ciclo formativo de grado superior. Cuando ingresé, mi principal objetivo era superar la agorafobia, es decir, el terrible miedo que poseía a los grandes espacios abiertos. Un día, el profesor encargado de dictar el curso nos pidió que realizásemos una *performance*. La empezamos, pero las cosas no estaban saliendo como queríamos. Entramos al escenario a destiempo y podíamos escuchar las risas de nuestros compañeros. Por momentos era un verdadero desastre. Era una representación sobre el maltrato y se había decidido que saliéramos a escena con los ojos vendados para así connotar el dolor que producen ciertas agresiones. Las cosas no mejoraban y entonces una energía me impulsó a arrancarme la venda de los ojos, a enfrentar la cuarta pared de las miradas, a entrar en contacto con mis emociones, con la vista clavada hacia delante. Recuerdo que estaba en el centro de la clase. Todos me rodeaban. El resto continuaba con los ojos vendados. Y puedo asegurar que mi acción impremeditada fue acertada. Un rato después, cuando hablamos sobre la representación, el profesor nos dijo que mi impulso de quitarme la venda de los ojos salvó toda la performance.

A partir de ese curso empezó mi pasión por las artes escénicas. Durante la pandemia, como tenía muchísimo tiempo libre, decidí empezar a grabar videos de humor que luego colgaba en las redes sociales. Creé muchos personajes diferentes. Pero al que más cariño le tengo es a La Paca. La Paca es una andaluza muy típica y campechana, llena de ocurrencias bastante graciosas.

Honestamente me fue muy bien con estos videos. Empecé a tener muchos seguidores. Algunos *clips* alcanzaron números de visualizaciones increíbles sin necesidad de invertir en publicidad para promocionarlos. Para grabarlos siempre empiezo con una idea central y a partir de ahí voy improvisando. Es muy raro que escriba un guion estricto y formal.

El escenario y las performances para mí tienen una magia que hace que hable más de la cuenta y que la gente que me escucha se interese por mí y quiera conocer otras cosas que hago. Lo cierto es que se habla de mí mucho más de lo que me hubiera imaginado. Sobre todo, me he curtido en la improvisación. Soy un improvisador nato, formidable. Creo que puedo sacar algo cómico de cualquier situación. Hago llorar, reír, canto, puedo expresar muchas emociones. Sin ser egocéntrico, afirmo que soy una verdadera máquina sobre el escenario. No soy el mejor, por supuesto, pero puedo dar mucho de mí.

Lo cierto es que pasé de tener miedo, un verdadero terror a estar delante de mucha gente, a crear personajes que comparto con millares de personas. El cambio fue realmente del cielo a la tierra.

Estas experiencias han llegado al punto de que me he interesado por participar en programas de televisión como La Voz, X Factor y Got Talent. He hecho *casting* para diferentes ediciones, pero por una razón u otra nunca me han confirmado el ingreso al programa. Yo sé que tengo talento suficiente para participar. He visto y he escuchado a otros participantes. Pienso que, con todo el talento que poseo -lo digo humildemente-, debería tener una pequeña oportunidad. He llegado a creer que existe una especie de veto, alguien impide que yo participe en estos eventos porque, quizás, no quieren que (si doy el salto a la fama) se conozca con profundidad mi historia con los budistas, la reconversión, el descubrimiento y la verdad que obtuve después de rehacerme a través de la energía. No lo sé. Es una de las maneras que tengo para explicarme las negativas en mi opinión, injustificadas.

Después de la pandemia me alejé del mundo laboral y me dediqué exclusivamente al artístico y espiritual.

Sin embargo, he hecho algunos trabajos esporádicos. El último que tuve fue en un centro de empleo especializado en búsqueda trabajo para personas con discapacidad. A mí me reconocieron un grado de discapacidad. No lo quería pues sentía que no era algo bueno para mí. Pero después de que me insistieron mucho, finalmente accedí.

Esta empresa de búsqueda de empleo en la que trabajé cada año organiza una entrega de premios. El primer año que fui a verlos me senté en la última fila, en la oscuridad, para que nadie me viera ni notara. Me daba terror estar en un sitio con tanta gente. Pero poco a poco empecé a coger fuerzas y con el tiempo impartí diferentes ponencias y charlas, tanto en ferias sobre discapacidad como en grupos de la empresa. Un año después me ofrecieron que presentara una ponencia delante de cuatrocientas personas. ¡En sólo un año pasé de estar escondido en la última fila de butacas a estar de pie, bajo las luces, frente a todo el auditorio! La charla fue un éxito rotundo.

Cuento esto para que se comprenda lo rápida que fue mi transformación de cara al escenario. En el momento de la ponencia sentí que había nacido para brillar. ¡Quién me lo hubiera dicho unos pocos años atrás!

Capítulo 12
VIAJE DE INICIACIÓN

El proceso de búsqueda y descubrimiento de mi vida, que he narrado a lo largo de estas páginas, tiene un compañero fundamental: Mimio, mi gato. La verdad es que nunca he tratado a Mimio como un gato. Desde el inicio he procurado que entienda las cosas. Le explico todo con las mismas palabras con las que se lo explicaría a una persona. Hago que sienta lo que digo. Y él me siente. Es muy observador, sensible. Me parece que Mimio poco a poco se ha ido transformando, ha ido desarrollando comprensión, conciencia y sentimientos que se escapan a los de un gato cualquiera.

Mimio no soporta estar lejos de mí durante mucho tiempo. Me ama con todo su ser. Tanto que a veces es agobiante.

Nuestra conexión es muy profunda. Siento que Mimio me salvó de todas las formas en que un gato puede salvar a un ser humano. Él me eligió. Lo sé. Cuando fui al centro de adopción yo iba a adoptar a una hermana de Mimio, pero cuando él me vio se sentó en mi abrigo y comenzó a ronronear. Desde ese mismo momento entre nosotros inició una unión hermosísima. Es cierto que he pasado por muchos baches en estos últimos años, pero él siempre ha estado ahí, apoyándome, brindándome su amor incondicional.

Durante una etapa de mi vida pensé mucho en el suicidio. Cierto día estaba decidido a hacerlo. Pero Mimio se dio cuenta, colocó su patita en mi mano y sentí que me decía: —Tranquilo… Tranquilo…

En otra ocasión me despertó cuando ocurrió una avería en mi casa. Un tubo de agua se rompió y el suelo estaba lleno de cables y enchufes, se hubiera podido liar gorda. Pero Mimio estaba ahí para protegerme. Pero lo más curioso de todo es que en aquella oportunidad ni siquiera me tocó. Me advirtió de una manera telepática. Fue como si me enviara su energía, dentro del sueño, para que yo despertara. Cuando abrí los ojos lo vi sentado en la moqueta, muy tranquilo, e inmediatamente después vi el desastre que el agua estaba ocasionando.

Mimio y yo nos sentimos. Estoy convencido de ello. Yo sé lo que él siente y él sabe lo que yo siento. Compartimos una especial de telepatía.

Esta conexión es tan profunda que decidí realizar el proceso de iniciación junto con Mimio. Y he podido comprobar en varias oportunidades que él ha comenzado a sentir y percibir nuevas situaciones y emociones. Sucede algo curioso con él. Por ejemplo, cuando yo quiero sentir la energía fluir realizo largos baños con sal. Es un método que me ha acompañado desde hace mucho tiempo. Sentir el agua para mí es fundamental. Empecé a hablar con el agua casi desde el principio. Al inicio era difícil, pero en este punto de mi vida siento que me envía mensajes. Le hablo, me da fuerzas, me contesta. También siento mucha paz cada vez que me sumerjo en las aguas. Se trata de una energía que me guía y me limpia. Es hermoso meterse en la bañera y esperar todo lo bueno de ella. Por eso siempre he insistido en que es fundamental cuidar del agua y la naturaleza. Merece mucho la pena dedicarles tiempo a estos elementos. Sentir el viento. Abrazar los árboles. Percibir el silencio del bosque. Hablar con los duendes y las hadas que en él habitan. Con los entes del fuego. El viento. La lluvia. En definitiva, hablar con los espíritus y los guías. Bien, como decía, ha empezado a suceder algo curioso con Mimio cada vez que tomo estos largos baños. Cuando salgo del agua con sal él se acerca en silencio y bebe directamente de la bañera, del mismo lugar en donde fluyó toda la energía durante las meditaciones y las abluciones.

Mimio está en contacto con la energía. Ya no es un típico gato. Ahora se muestra más valiente. Me parece que ha creado diferentes conexiones y se ha hecho más fuerte. Esto es lógico si consideramos que Mimio y yo pasamos las veinticuatro horas del día juntos. La única respuesta que puedo darme de todo esto es que el gato se está iniciando.

Y es que esto no acaba aquí.

En diferentes momentos de mi vida he visto aparecer personas frente a mí. Se materializaban de la nada y posteriormente desaparecían. Una de las primeras veces que sucedió, estaba en mi habitación cuando tenía alrededor de veinte años. Sentí una presencia y luego vi a una persona frente a mi cama. Estaba ahí, era real, lo veía y él me veía. Nuestras miradas se cruzaron un instante y sentí cosas extrañas, como si me quisiera decir algo. En ese momento lo empujé y desapreció como un holograma.

Un tiempo después estaba caminando con un amigo por Atocha, en Madrid. Habíamos salido de fiesta y era muy tarde, serían las cuatro o las cinco de la mañana. Mi amigo quería desayunar churros y fuimos a un cajero automático para sacar dinero. Estaba en eso cuando vi a un hombre vestido de blanco, con los cabellos y una barba larga también blancos, que se acercaba a nosotros. Lo miramos y nos miró. Al pasar a mi lado sentí que dibujó media sonrisa en su rostro. Mi amigo y yo volteamos un momento hacia otro lado y un segundo después aquel hombre que habíamos visto con total claridad ya no estaba. En su lugar flotaba una ligera neblina, una especie de efluvio casi imperceptible, diáfano, blanco, como el humo de un cigarrillo.

Aquello me asombró mucho. Le dije a mi amigo que el hombre ya no estaba.
—¿No está? ¿Cómo que no está? -contestó él, alarmado. Buscamos por todos lados. Lo vimos los dos. Pero ya no había rastros de él.

Una de las últimas veces me sucedió precisamente con Mimio, al menos él está involucrado en la aparición. Por cerca de una semana empecé a percibir y a ver a Esmeralda (mi guía espiritual, la que describí antes, la que viste con largas faldas y lleva collares con piedras y runas) cerca del gato. Ya Esmeralda me había advertido que ella quería venir y materializarse en este mundo. Al principio pensé que sería a través de un hijo mío. Pero desde el momento en que empezó a aparecer junto al gato me di cuenta de que sería a través de Mimio.
De hecho, en una de aquellas oportunidades, Esmeralda me dijo:
—¡Yo soy Mimio!

Este mundo lleno de magia y misterios me ha perseguido por buena parte de mi vida. Por eso, desde que empecé a tener la capacidad para escribir y explicar mis vivencias, decidí relatar los pormenores de cada una de mis experiencias y aventuras dentro de este ámbito.

La verdad es que yo no sería nadie si no fuera capaz de sentirme. Sin sentir el Dios interno que todos llevamos dentro. No sería absolutamente nadie si no me escuchara. Si no notara todos y cada uno de mis pálpitos. La energía está en mí. Adentro, alrededor, en todos lados. Y todo se lo debo a un ser superior que ha trazado mi camino y me ha hecho grande. El ser, repito, que habita en nuestro interior. Honestamente creo que sentir y experimentar la espiritualidad me convierte en un ser gigante, capaz de cualquier cosa. Yo no existiría sin mi Dios superior. Esa es mi esencia.

Y esta esencia es Mayu Moons, el nombre con el cual firmo estas páginas. Pero ¿quién es Mayu Moons? Quería dar esta clave de mí mismo solamente al final del relato. Lo explico a continuación.

Mayu Moons es un ser hermoso que llegó de la nada y se convirtió en todo. Es un torrente de fuerza que todo lo barre y todo lo puede. Es el huracán, el tornado, el maremoto, la avalancha, el alud. Pero al mismo tiempo es un lago en calma de aguas cristalinas, el claro del bosque, el silencio de las dunas del desierto, los campos bañados por el relente del amanecer. Algo que ilumina la vida con su pureza y verdad. La tranquilidad. La paz.

El nombre, Mayu, llegó a mi durante una tarde de meditación. Estaba en mi casa, en silencio, entre el humo de los inciensos, en la semi oscuridad. Me encontraba saliendo del estado de trance cuando sentí junto a mí una enorme presencia. La sentí muy cerca, dentro de mi habitación. Me asusté muchísimo, por supuesto, pero en seguida escuché que me decía:
—Mayu… Mayu… Mayu…

Me lo dijo tres veces, fuerte y claro.

Sinceramente me quedé alucinado con la experiencia. Sin perder ni un segundo me fui al ordenador y busqué la palabra Mayu. Se trata de una palabra de origen quechua (lengua precolombina que era el idioma oficial del imperio Inca en la zona de la cordillera de los Andes) que tiene dos imágenes asociadas. Por una parte, es un río caudaloso, bravío, fuerte, generador de vida. Por otro lado, es un lago de aguas diáfanas y tranquilas.

Frente a estas imágenes experimenté una especie de revelación porque yo me siento exactamente como ambas, los dos planos que se concentran en la palabra de origen quechua Mayu. Un río de energía que barre todo lo que encuentra en su camino para conseguir lo que quiere y, al mismo tiempo, una persona muy tranquila y de sentimientos muy hermosos. Es decir, al investigar aquello comprendí que el ente que se me había presentado aquella tarde era yo mismo manifestándose. Ni más ni menos. Yo era Mayu.

Moons tiene un origen menos espiritual y mágico, pero profundamente simbólico para mí. Lo primero que debo decir es que a mí me encanta la luna (*moon* significa luna en inglés). El satélite que rota alrededor de la Tierra siempre me ha cautivado y maravillado. Además, antes siempre meditaba con el disco de Enya *Shepherd Moons*, sin ninguna duda, uno de mis discos favoritos. Por eso fue sencillo crear la conexión aquella tarde de meditación.

Por un lado, Mayu, palabra hasta ese momento desconocida para mí, me definía con sus dos imágenes lejanas. Palabra, Mayu, que además llegó a mí por un camino mágico, intangible, energético, elevado, místico. Por el otro lado estaba esa palabra visible (*moon*, luna), algo que está ahí, que conocemos, que vemos, que rota alrededor de nosotros y nueve las mareas, pero que también para mí significa música, maravilla y vocación.

Mayu Moons, como relato en estas páginas, ha vivido toda clase de experiencias. Durante mucho tiempo sentí que este era un mundo raro, donde el dolor es una máscara inferior. Un mundo del que debía alejarme, escabullirme, separarme, desaparecer. Pero un mundo al que después de mucho tiempo logré unir la parte espiritual que existe en mí. Todavía muchas situaciones duelen en mi vida. Pero espero que un día estos dos mundos se unan definitivamente y puedan brillar en constante y perfecta armonía. ¡Ya ha comenzado a brillar como Mayu Moons!

Puedo decir que he aprendido ciertas cosas a lo largo de mi vida con tantas experiencias. Por ejemplo, entiendo que el sufrimiento está en todos nosotros. Por eso debemos ayudarnos los unos a los otros, recíprocamente. Debemos ser más humanos y solidarios. Trabajar juntos para lograr el bienestar y la paz absoluta de nuestra especie. Y creo que el objetivo solamente se puede alcanzar guiando nuestros pasos hacia la búsqueda espiritual. Pues, cuando dejemos este plano terrenal, solamente nos llevaremos nuestra alma con nosotros. Somos eso, sin más, almas. Seres de luz que no deben hacerse daño los unos a los otros ni a otros seres vivos.

No debemos perder nunca de vista que la vida es muy corta, parece larga, pero es muy corta. Siempre digo que es muy importante la meditación, el estudio y la lectura. No debemos vivir odiando. Debemos disfrutar, experimentar, sentir. El dinero es importante para la vida cotidiana y práctica, pero no podemos descuidar nuestra alegría y nuestros amores en detrimento del dinero.

Hay que sonreír, siempre debemos sonreír. Esto es muy importante. Aunque las cosas parezcan muy difíciles, podemos sonreír, lo digo por experiencia. Además, nunca perdamos de vista que hay tiempo para todo si logramos organizarnos bien. Todo lo que queremos y soñamos puede ser conseguido, en mi caso: el canto, la música, la escritura, el arte. El tiempo está ahí y se puede trabajar con él y disfrutar con él. Cuando me iniciaron los budistas me alinearon con el universo, por eso todo lo bueno viene y lo difícil es siempre más fácil de afrontar. Puedo decir sin temor a equivocarme que Mayu Moons es la energía y protección que he sentido a lo largo de toda mi vida. Mayu Moons no es solamente mi alter ego. Es también mi espíritu protector.

Mayu Moons, ahora, hoy, es un ser cabal, total y completo. El proceso que he descrito, este rehacerme, no fue ni mucho menos fácil. Pero, paso a paso, valió la pena. Este tipo de experiencias como las que yo viví y descubrí a través de los budistas y la energía son hechos capaces de justificar toda una existencia.

Este es Mayu Moons. Este soy yo. Una mezcla de dos mundos, el material y el inmaterial.

Estas dos palabras de orígenes disímiles. Dos palabras en apariencia irreconciliables. La magia, el mundo antiguo, la energía, el origen, la fuerza: Mayu. El mundo real, visual, tangible, terrenal, musical: Moons. Esta es mi esencia. Este ha sido mi viaje de iniciación.

EPÍLOGO

A lo largo de gran parte de mi proceso de búsqueda y descubrimiento personal escribí muchos poemas. A continuación, como colofón a mi historia, quisiera incluir una antología de los que más me gustan. Los titulé *Lo más difícil*. En estos poemas hay muchos momentos de mi vida, pero también emociones y encuentros duraderos, amores y deseos. Espero que los disfrutéis.

LO MÁS DIFÍCIL

¡PARA VIVIRTE!

Escribo para morirme, para morirte... Para arrancarte. Trepar por mí y encontrarte. Yo escribo para escucharme, enredar tus versos y trenzarme de ti. Para así encontrar los latidos perdidos. Quiero seguir escribiendo para convivir con mis abismos y seguir vivo...

Los versos no viven sin mí, sin encontrarme yo me halló perdido sin ti. Sin la escritura no soy, no me calzo, no encuentro manera de seguir latiendo... Sin versos no hay forma alguna de latir.

Y sin mí no existes tú. Que hermoso el pozo de la voz hecho tú. Tan lejos, como marque tu nombre, sí, elijo escribir para vivir...

¡Elijo escribirte para vivirte!

ENTIENDO

Entiendo el frío que te provocas cuando desnuda y sola,
muy sola
te das cuenta de que no existes,
y no te hallas en el vaho, silenciosa, cuando me acallas,
y no me hallas.

Y te sientes fría, y las tinieblas amanecen de día,
y te come la vida,
y yo me halló en recovecos dónde no existes.

Pero vuela, alto, trepa firme, hállate vestida de ti: y después te verás.

Ojalá te mires cómo yo te sueño y anhelo.
Pero tal vez ya no me quiebre en tus vestidos, más,
cuando llame tu alma mi nombre

tal vez yo ya no exista ya...

A VECES ME GUSTARÍA DESAPARECER

A veces me gustaría desaparecer, desaparecer de los instantes, engullido en el silencio de la catarata que cae al mar y no vuelve a ser el mismo sino un pedazo de cielo en mitad de un abismo que no escucha nada.

Desaparecer a oídos de todo lo que grita, olas que sólo musitan caricias en infiernos y solamente vuelven a ser espuma si es la arena que en forma de paz las besa y no pesan los recuerdos y tampoco el olvido....

A veces me consumen los otoños que gritan rebeldía y que no tienen cuentos con los que vaciar el pozo de todo lo que lleva uno dentro

Y sí, a lo mejor soy un poco cobarde, pero es que el agua a veces se llena de todo lo que he vivido, sangra sal, y duele, duele mucho... Pero respiro, me respiro, y mis olas siempre vuelven a la luna acariciando al sol para formar mi eclipse ¡con la fuerza de mis rocas...!

QUIERO...

Que quiero utilizar tus ojos como espejo y tu sudor
como perfume... de entre todas las esencias tu saliva es el
sabor que yo más quiero... Quiero desayunar, comer y ce-
nar tu cuerpo como único alimento...

Y que tu alma sea la que me nutra la vida como lluvia
a la tierra y Dios al mundo, como una fina atmósfera que
late en nuestra vida como de un amor tan grande que con-
vierta la esencia nuestra en un nuevo sistema de A. M. O.
R.

TE FUISTE

Te fuiste.... Y me olvidaste.... Olvidaste mis manos qué solo latían ante tu piel... Te fuiste y no te me llevaste y yo era tuyo...

Te llevaste mis ojos que ya no miran... Te llevaste tú ropa que a mis ojos estabas mejor sin ella siempre... Y no te llevaste a este loco que sólo sabe perder, sin ti...

Y sin ti no existe el yo, ya que sin ti no respiro, sin ti no estoy yo...

¡Y duele tanto......!

ME GUSTAS

Me gustas, te lo he dicho temblando y vestido de ti.
De tus manos vestida de mis labios...

Te Amo te lo he dicho con el olvido que llama a ti cómo
un recuerdo dónde sólo cabes tú...

Y te quiero y al penetrar en ti el temblor de quererte, tanto
que quemas...
Con el frío de llorarte que en eso tiemblo...
Que en eso tengo la Marca
...De ti...
¡De mis manos tatuadas en tus latidos!

Y SALTO

Te veo... te miro... te siento.... y veo que no hubieras sal-
tado...

te equivocas:

si tú saltas:

¡¡yo salto sin pensar...!!

¿ME AMAS?

Te perderás
en mis latidos
arrullada
en mis vértebras
como un pálpito
de dentro
nuestro

me perderé
y quemaremos
el mundo
corriéndonos
el alma
como
toda tú
palpitando
a lomos
en mis mulos.

te quiero
te siento
te noto

te amo, sí,

Tú, ¿me amas?

SU VOZ...

Mi voz era suya
como alba que vuela...
cual luna
mis manos
que nacieron para tocarla.

Como fuego
que nace de sus pechos
mi emoción
era leerla
sentirla
florecer con ella
y ver sus huecos.

Su mirada
-que era verano
de entre miles-
el invierno deshizo
los latidos
que hicieron que fuera mía:

cuando se fue...

LO MÁS DIFÍCIL...

He intentado ver fútbol como uno más: no pude
He luchado por decir miles de palabrotas como los "nor-
males": no he podido
También hacer del sexo un sustituto del dolor, rabia y
desánimo,
a la vida triste de esta tierra, tan solitaria...
Adivinen: Me fue imposible
Intenté no leer ni escribir poesía (duró muy poco el in-
tento)
Con todas mis fuerzas probé a no ser tan de corazón noble
y bueno, ¿creen que lo conseguí?: nada
Y por último intenté no aceptar lo complejo que soy: que
tengo muchos recovecos,
que sé qué para los demás soy un libro de cien mil pági-
nas.
Aunque yo sea una persona de gustos simples...
El silencio a ratos
y otros cantar o escuchar música...
Meditar...
Necesito ratos con la naturaleza y animales...
Leer textos lindos, y escribirlos.
Y sobre todo amar, y el amor.
Soy raro, sí.
Pero a lo mejor tú lo eres más.

INUNDADO

Así, inundado

Me escribo en modo poeta
en estilo doloso
con ganas de un abrazo
en tu clave

con versos de navidad
en modo tú
y con el silencio
que al final ya va roto,
en el abrazo
donde tú y yo nos rompemos

y en donde sin duda
ni ella ni yo
estaremos nunca más solos.

Y TÚ, ASÍ

¿No ves lo guapa que estás vestida solamente de mis manos, rodeada en mis muslos, y temblando
de mis besos?

¿No ves que la piel tiembla entre los rasgones de piel be-
sada a latigazo de mi alma a la tuya?

¿No sientes el temblor de tus manos anidando en mi pelo,
o las venas arrugadas ante al palpito de
mi cercanía?

¿Acaso no sabes que te respiro?
—que me respiras—

¿Qué lato a tu ritmo, y sueño a golpes de tus sueños?

¿Acaso no quieres sentir?,
 y siempre:

¿¡¡SER FELIZ!!?

CON EL PASO DEL TIEMPO

Con el paso del tiempo me he vuelto serio, que no formal.

Con el paso del tiempo he perdido miedos, que no ilusiones.

Con el paso del tiempo me he convertido en todo un hombre, sin perder la chispa del niño que llevo dentro.

Con el paso del tiempo sigo peleando por un mundo más justo, aunque con los pies firmes en la tierra.

Con el paso del tiempo sigo ilusionándome con la vida, pero sé del dolor de vida todavía.

Y ahora soy yo, quien mira el mundo desde arriba, y no el cielo quien me aplasta desde el universo.

Con el paso del tiempo tengo mis latidos en el alma que no en el cuerpo:

Y sigo vibrando...

LO OSCURO, LAS SOMBRAS, EL DOLOR, EL MIEDO...

Qué difícil el mundo de las lágrimas... Porque cada una siente de manera diferente, estoy seguro de que ninguna lágrima es igual a otras, todas nacieron de dentro con un matiz diferente. Algunas crecen con los años y se esconden dentro, y estallan de lo grande que se agolpan en nuestro pecho. Otras nacen de la histeria, por el contrario, otras son frágiles, y surgen desde el desencanto por la vida...

Luego están las lágrimas de alegría ¡cuánta variedad! Pero hay una cosa que todas tienen en común, y es que surgen de una emoción, estoy seguro de que nadie llora sin emoción ¡incluso la apatía es una emoción!

Desde muy pequeño encontré en las lágrimas un refugio, bueno, aunque fue de mayor cuando más partido de mí he sacado "de las lágrimas"

Mi historia surge de algo que se llama "vida" y cada vez que VIVO me doy cuenta de los misterios que subyace en ella, en lo que se ve, pero en lo que no se ve también...

NOCHES ROTAS... O CONSTRUYENDO... O EXPANDIENDO CON LA LUNA...

Sembrando lágrimas que germinan en brotes de fuerza y calma a la mañana siguiente...

Días en los que la nada se queda en tu puerta, y no hallas las ganas de expandirte, y amar tu

infierno...

Lo que hay que hacer es no poner nombre a tus problemas, tú eres vida...

Si cierras contrato con tus vendas ellas se olvidan de ti ¡silencio! Silencia todo, vuélvete enorme...

Respira fuerte y con calma, nada es culpa tuya ¡Eres perfecto tal cual eres!

¡Creedlo!

TIPS (PARA SER UN POCO + FELIZ)

Si lo oyes tres veces sin ruido (interno) es que es verdad...

Si despiertas a las 3 en punto es hora bruja y se debe meditar, o cantar mantras, u algo espiritual...

Fluye con la energía...

Cuando tengas una intuición potente más vale hacer caso...

Visualizar ayuda a que las cosas se hagan más fáciles y rápidas...

Ten fe en ti mismo por eso hazlo antes de que lo veas claro ¡Confía!
No vayas en contra tuya nunca...

El amor es la fuerza más grande...

Deja que los demás sigan su camino, aunque te duela, si debe ser así, debe ser así...

A veces tiene que doler para que sane...

Si vas en contra de lo que sientes irá mal...

Es mejor estar solo, que estar con gente que hacen sentirte solo...

La soledad es buena compañera...
Si está en tu camino, aparecerá...

Mira a los ojos si es necesario, no bajes la cabeza, pero tampoco temas hacerlo si es necesario...

Pensamientos positivos, los negativos para fuera...

El camino de 500 Km. se hace siempre con un primer paso, luego vienen los demás, ahí, hasta llegar a la meta

¡QUÉ BONITO EL MUNDO!

Qué bonito el mundo, con toda su luz: su luna. El mundo, un mundo hermoso. La mirada de la mujer. Qué bello el universo, y el cielo...

Hay millones de latidos que sentir. Sensaciones nuevas que disfrutar. Olores nuevos, y películas geniales con las que vibrar.

Ahora lo veo:

El miedo es un invento creado para que no disfrutemos del mundo.

No voy a poner el punto en "quién lo creo". Vamos a poner que lo hemos creado nosotros mismos para estar distraídos y no apreciar lo bonito del universo. Voy a romper la regla. No voy a poner ningún "pero".

El universo es hermoso —y punto—.

Las olas rompiendo las rocas con su olor penetrante dentro del alma. A horas llenas mirándolas, como si fuera la mayor Tv, de hecho, es la mejor imagen del mundo mundial (como decíamos de pequeños).

El universo y sus coincidencias vitales, las miradas puras de los niños, la sonrisa que sale del alma al primer contacto con la lluvia cayendo con su rica melodía en los oídos (su golpe con el suelo).

Así podría seguir escribiendo las mil y una maravillas del mundo.

Lo que quiero decir es que, estando tristes, perdemos tantas y tantas cosas.

Bueno, también hay cosas positivas de la tristeza. De ella se aprende muchísimo. Se escriben cosas muy lindas. En resumen, de la tristeza se aprenda a estar alegre.

Una cosa, la tristeza hay que aceptarla. Tenemos que dejar que nos visite, no es malo que lo haga... Siempre hay algo que sacar en claro de ella ¡Siempre!

Por eso ¡viva la tristeza también! Pues ella me enseñó a ser fuerte, a tener valor, y ganas para vivir. Curioso, ¿no?

Eso sí, me quedo con la alegría. De estar triste ya aprendí, así que, si estás triste sácale partido a la tristeza y exprímela bien: que para eso está. Y después, baila con la luna o la lluvia.

Solamente vive, sin mostrar, y sin querer ser más que nadie. Sólo tú, con tus manías y rarezas, ¡Tú...!

¡A RUBÉN…!

Te fuiste
sin haber desplegado del todo tus alas
te fuiste
y partiste en dos nuestro mundo…

Te fuiste
quebrando toda fragilidad
aniquilando cada sensibilidad familiar.

Te fuiste, Rubén
y hoy llora el cielo
Te fuiste a brillar ahí arriba
y hoy te quiere Dios, grande,
porque una estrella
lleva en el cielo tu rostro.

Te fuiste para iluminarnos
y protegernos,
y hoy
sale el sol,
porque tú lo iluminas:

¡Con la luna de tu sentir, GRANDE…!

VOLVERME A TU LADO...

Y volverme a tu lado
reiniciando cada parte que cruje,
y volarme a tu lado
más profundo,
sintiendo tu alma
y penetrando tu silencio.

y te voy a hacer tan tuya
que no vas a recordarte ni a ti misma

yo voy a ser del aire
para sentir tu vuelo
cuando abras tus alas
y quieras
sentir el mío.

y volaré a ti
cuando quieras ser mía...

Porque serás tan tuya:
¡qué querrás ser mía!

YO PUEDO...

Yo puedo hablar del cielo porqué he vivido en el infierno...

Puedo hablar del silencio interno porqué he tenido una bestia sonora dentro

Puedo dar veracidad de que existe Dios, ya que él no dejó que muriera en pleno incendio

Sé del amor universal, pues también conozco el odio hacia el universo

Y sé que existe la vida, pues he estado más muerto que vivo, en una etapa de mi vida

Al cielo lo que es del infierno, como al cielo en la tierra, así como el infierno en ella,

a todo...

Le debo al universo poder ver las estrellas con una sonrisa enorme en el alma.

Y QUÉ ES LA FELICIDAD...

Es sonreír a pesar de tener miedo
Perder, y no importarte eso
Ver el mundo como es con toda su oscuridad, y pensar
que todavía merece la pena estar en él
La felicidad es no discutir con tu cabeza nunca
Dormir siete u ocho horas y ver amanecer con tu mascota
Ser feliz es estar tranquilo a pesar de una tormenta
emocional
No implicarse en el aprendizaje/sufrimiento de las personas, por saber que es SU proceso
Acariciar un gato, abrazar un árbol, tener el dinero
justo para vivir y agradecérselo al universo,
dejar el sufrimiento atrás, ver la luna...
Y sobre todo sentir que estás en el camino correcto,
aportando lo que puedas a los demás o al
mundo.
Ser feliz es una elección, ir más allá del ego, y no adorar tu cuerpo en exceso ¡No se irá contigo!

MIMIO

Yo te cuido
te cuido de ti Mimio

me hallo en ti
nos conocemos en nosotros
y cuidamos el uno del otro.

Con esmero te mimo,
con tacto
respetas mi mal humor
y cuando me enfado
en mi dolor.

Escuchas,
sabiendo que siempre,
lo mejor
será para ti.

Y siempre, diré, ¡te quiero,
hijo mío gatuno del alma!

SI ME AMAS

Si tú amas yo amo
si me duele tú eres la cura
si lloras que no sea por mí
si lates que yo sea tu sangre
si me besas que sea con el alma
si quedo atrapado que sea de ti

y si miro
que me claves, tú.

Así de grande,
así de entero
soy.

Sin la llamada de la luna

¿para qué quiero tocar la luna
sin ser la luz en una noche

de tú otoño, a la voz de dentro?…

EL EQUILIBRIO

El equilibrio tiene nombre
tu identidad tiene tu ser
el olvido no tiene que perseguirte
el respeto es el triunfo de tu actitud
la clave es respetar tu ser íntegro
ser íntegro es aceptar, comprenderte, escucharte, y ser respetuoso.

La llamada de la carne debe ser más pequeña que tu deber con el mundo:

no dejes a cada infierno que rozas rozarte... En tu dolor adentro.

LA VIDA

La vida no es una marca
no es dinero
no es ganar

la vida tampoco es una sonrisa constante
ni diversión, y menos luchar por estar siempre felices.

La vida es aceptar tus discapacidades
sonreír a tus debilidades
vibrar con la persona a la que amas
y gritar que eres feliz a pesar de tus tormentas.

La felicidad es ser feliz a pesar de que la vida es infeliz,
porque tú felicidad está también en el
dolor

en la vida puedes ser feliz sintiéndote infeliz:

¡así es!

¿QUÉ ES LA MUERTE? ¿QUÉ ENTENDEMOS POR MORIR?

Estar muerto es tener una depresión profunda… Estar muerto puede ser no avanzar. Estar anclado a una vivencia pasada.

Pero a la vez estar muerto en vida puede ser positivo, porque de ella podemos aprender, o podemos coger fuerza para pegar un empujón grande en nuestra vida…

Estar muerto no es morir en nuestro plano físico, no, no, definitivamente, a veces podemos morir en nuestro plano físico y ser una liberación… O puede que tengamos de tarea hacer cosas en otras dimensiones ¡Quién sabe…, a veces morir es vivir!

ESPAÑA

Me encanta mi país
sus gentes
su pasión...
... Aunque se hable más de dinero
que de sentimientos...
Me gusta España
su vida
sus playas
sus montañas
... Aunque el ruido llene a mi querido silencio
... Aunque el alcohol riegue los cuerpos desnudos
más que las olas rieguen cada latido...
Me gusta España, así es...
Aunque el arte esté lejos de cada corazón de esta penín-
sula tan linda...
Así es, me encanta España
Que tenga cosas que no me gusten
hay mil que me gustan...
A pesar de no ser profeta en mi tierra
A pesar de que mi arte no vibre en la vida de la gente:
　　¡Me gusta España!

QUÉ BONITA ERES

Qué bonita te ves entre mis labios
vestida de mis manos,
y recubierta de mi sed de ti

qué bonita te ves
cuando sin miedo
abres los ojos
y me ves tuyo.

Qué bonito me veo
en tu piel
y cuando somos poemas
y me comes lento
y arden los cielos
de entre tú cuerpo
y el fuego entra quemando

que bonitos nos vemos
siendo uno enredados:

cuando sabemos ser islas
y no somos los náufragos
sino cuando somos
quienes la construimos:
segundo a segundo
Con la piel,
milímetro a milímetro.

PODRÍA

Podría llorarte la luna
amanecerte en estrellas
acallar el frío contigo
atacar tu silencio con mi piel
sentir tu voz palpitar, y llover…

Podría calzar tus venas
elevarme de tus ojos
sollozar tus lágrimas
suspirar en tu cometa

podría…

pero eres otra vuelta
y no anda el mundo
encontrando versos

así que te sueño
y no basta mi vida para universarte

Podría alcanzarte…
Pero eres nube,
 y yo un simple verso en este mundo.

EN EL FRÍO

En el frío
tu cuerpo sin mis manos

témpano
tu piel
sin mi boca

fría toda tú
y recubierta de dudas

pero el frío
se va
cuando te tocó

y el frío deja de existir:

¡cuánto más te abrazo!

¿Y QUÉ?

¿Y qué? Si a veces quiero darme un tiempo para reflexionar lo que quiero en mi vida.

¿Y qué? Si la vida nos la muestran en blanco y negro, y yo la miro con más colores de los que en
realidad existen.

¿Y qué? Si no me pongo límites y fluyo con lo que quiero a pesar de las murallas que tengo que
saltar, dejándome las manos y los pies en ello.

¿Y qué? Si quiero más de lo que puedo tener, pero me conformo de la mitad de lo que deseo, pero
sigo luchando por el doble de lo que anhelo.

¿Y qué? Si prefiero un mundo con la pasión que impone lo prohibido, con la paz que da luz del
amor que reparte el cielo.

¿Y qué? Si me pincho con una espina, o con dos o con tres, tan solo para fundirme con el olor de
la rosa. ¿Y qué? ¿Y qué? ¿y qué?

¿Y qué? Si soy el triple de loco que tú, que vives en política, fútbol y en la tierra; pero yo me
construyo día a día mis alas, y tú trabajas para comprarte un ancla. Y rompo fronteras, tú
te hundes en ellas; yo respiro, tú te ahogas.

¿Y ahora? El mundo es una nube de odio, envidia y tinieblas, yo he venido para aportar lluvia que
la limpia, ¿quién me ayuda?

SUDANDO

El sudor
el vaho,
los suspiros,
y el olor de ti.

El calor
que me respiras
cuando anidamos
el uno en la mirada
del otro
tenerte
en el pudor
de sorberte,
en lo ardiente
de cada olor
empapados
con la misma sintonía

del amor
de ti, sentir
nuestras almas
traspasadas
por ti, por mí.

Del temblor
y cayendo
cayendo… cayendo…
y tú
dentro, adentro, adentro…
En donde más rasga y cruje todo.

CUANDO...

Cuando ríes
los sueños viven,
me acompañan de la vida.

Cuando ríes
creces al cielo
como un rayo
que emerge de la tierra
y surgen nuevas constelaciones
y descubro nuevos mundos.

Cuando ríes
ríe contigo el universo
pues una sola risa tuya
tiene para dar de comer
la mitad del universo,
y la otra mitad
alimenta la mía:

¡cuando me besas!

EMPEZAR A VIVIR

Comenzar a respirar. Volver a abrazarme, sentirme viendo lo bonito de la vida. Y quiero más...
Lo difícil en mí ya termino: me amo. Esto no lo cambiará nada.
Ahora me queda disfrutar de la vida, con sus altibajos, sus curvas, y sus montañas. Siendo yo a
cada paso.
Me gusta la vida y vivir.
Ser yo, ya, es dulce.
Y mi vida me gusta cada día más.
Los sueños se van cumpliendo, y esto es importante.
Querido lector, vive, las vidas son dos días. Sueña, baila, canta, ríe, habla, en resumidas cuentas,
sé tú, siempre. Y a volar.
Vuela.
¡Tú puedes!
Te deseo una vida despeinad@, pero dulce, y grande.
Adelante...

Y ERA TAN BELLA...

Y era tan bella como el viento...
Tan fuerte como el crujir de mis manos cuando estaban
mis manos en sus muslos...
Tan brava como el infierno volando en sus abismos...
Pero estaba sola. Bueno,
estaba rodeada de gente
pero nadie la consolaba al llorar entre sus sábanas,
nadie la oía romperse entre cristales tomando cualquier
droga entre botellas de alcohol.
Y se fue... se fue... se creía mariposa, y voló...
Y ya nunca más se sentirá sola.

ALGUIEN...

¿Alguien qué sepa del frío
del temblor en pleno verano...
de la manta de tu mirada
cuando me cobijo del mundo
y puedo temblar?
¿Alguien que entienda de tu olor
que, en invierno en mi temblor,
temblamos juntos
como dos duendes
en tierra mojada del bosque
en nuestro sudor?
¿Alguien que sepa de mí
para saber que tu mundo
es un cielo recubierto de nubes,
y sepan que ese mundo tuyo,
es también mío...?
Yo sí, en todo tú...
Quiebre todo mi mundo,
si tú también tiemblas
al recordarme.
Así tú mundo en el mío.

Y lluvioso...

ESCRIBIR EN TU PIEL...

Escribir en tu piel con mi pincel,
almorzar café sobre tu pecho,
acariciar la música en tus piernas,
depilarme pelo a pelo con tu mordida,
sonreír a tu sonrisa entre orgasmos,
devorar el sexo con latidos eyaculando,
volcarme entre tus brazos y hacerme tu abrigo,
organizar un viaje al paraíso erizando todo en tu lengua
y luego romper Madrid corriéndonos el mundo.

TE ARDES EN MÍ

Te ardes en mí
como el aire
que me respiras
Te quemas
helando
toda llama
a ti postrada
Te hundes
en mis inmensidades,
como el hielo
a tu boca prendada
Te congelas
en cada palpito
con la savia
en pleno incendio.
Te vuelo el alma
con el instinto
destripando tu sexo,
volando a través de cada incendio...
¡Y me amas,
pero tú aún no lo sabes!

ENTRE TINIEBLAS

Entre tinieblas aquí estoy
Respirándote ardo
como un invierno en plena sacudida...
Y soy de tu piel el manto
De tu mirada tu incienso
Pero quiebro cuando vuelo sobre ti,
y no tienes urgencia de mí
Entre tinieblas
Miro la vida
Y soy tu oxígeno
Sí me vuelas
Sí soy, si tú te quedas
Aunque vuélame la cabeza
Y déjame solo...

Sí no estás.

Y SOY UN BAILE

Y soy un baile de emociones. Juegan conmigo como pé-
talos entre nubes. Unos días amanezco
desnudo en el viento. En cambio, hay días que navego en
las tormentas del miedo.
Y soy como el fuego que florece entre sueños.
Y soy la nube de entre mis infiernos que mira el frio de
entre mis abismos personales.
A veces soy aire, otras me convierto en el viento...
Pero siento el vuelo: no soy nada cuando a veces muero
entre silencios y quiero morir del mundo. En el miedo.
En silencio. Pero por amor propio prefiero morir solo,
que ser, con alguien con quién
no soy YO.

VUELVE

Ven, vuelve, arrastra terremotos
cruza abismos,
trepa entre la tormenta,
arranca vendavales,
atraviesa ventiscas,
cruza maremotos,
escucha silencios...
Que yo ya hice todo eso por ti,
y estoy solo y perdido...
¡Sin ti!

Índice

europa
ediciones